I0789171

EL ALMA DEL GUERRERO

Jonathan A. Georgalis

EL ALMA DEL GUERRERO

*Meditaciones filosóficas
en torno a la muerte y el despertar*

PRÓLOGO
Dra. Patricia Cudeiro
Prof. Paula V. Tarancón

Llave maestra
EDICIONES

Georgalis, Jonathan Adrián
    El alma del guerrero: meditaciones filosóficas en torno a la muerte y
el despertar / Jonathan Adrián Georgalis; Prólogo de Patricia Cudeiro,
Paula V. Tarancón - 1ª ed. - Buenos Aires: Llave maestra, 2021.
    242 p.; 22x14 cm.

    ISBN 979-871313651-2

Fotografía de tapa de Jonathan A. Georgalis

Diseño de cubierta e interiores: Llave maestra
Edición y maquetación: Llave maestra

© Jonathan Adrián Georgalis, 2021
© Llave maestra, 2021
Av. Vélez Sarsfield 161, 10° E
(1282) - Ciudad de Buenos Aires – Argentina
llavemaestraediciones@gmail.com
www.facebook.com/llavemaestraediciones

Primera edición: Marzo de 2021
ISBN 979-871313651-2

Libro impreso bajo demanda

Detener, por el espacio de un suspiro, las manos ocupadas en el trabajo de la tierra, y obligar a los hombres arrobados por la visión de metas lejanas, hacerlos mirar por un momento la variedad circundante de formas y colores, de sol y de sombras; hacer que se detengan para una mirada, un suspiro, una sonrisa —tal es el objetivo, difícil y fugaz, y que sólo unos pocos pueden alcanzar. Pero, a veces, los merecedores y afortunados llegan inclusive al final de esta labor. Y cuando se ha llegado ¡fíjense!, allí está toda la verdad de la vida: un momento de visión, un suspiro, una sonrisa —y el retorno a un descanso eterno.[1]

Joseph Conrad

*Entra aquí, forastero, cuanto ves
será tuyo unos días, bienvenido;
todos somos los huéspedes de Dios
sin saber en qué día nos iremos.*[2]

Robert Louis Stevenson

---

[1] *El negro del "Narciso"*, traducción de Floreal Mazía, Buenos Aires, Ediciones Librerías Fausto, 1975, p. 14.
[2] "Poesía – Nuevos poemas", traducción de Carlos Pujol, en *Obras Completas*, Tomo IV, España, Aguilar, 2005, p. 103.

ÍNDICE

PRÓLOGO

> *Toda la literatura, desde Job y Omar Khai-*
> *yam a Thomas Carlyle y Walt Whitman, es*
> *sólo un intento de considerar la condición*
> *humana con tal amplitud de visión que nos*
> *permita elevarnos de la consideración del vi-*
> *vir a la Definición de la Vida.*[1]
>
> Robert Louis Stevenson

La consideración general acerca del vivir es eminentemente práctica: toma en cuenta la aptitud de los medios con los que se puede contar para alcanzar los objetivos propuestos al individuo humano. Se trata este de un uso meramente instrumental de la inteligencia, en el que pasamos de un motivo a otro, de un objeto al siguiente, de manera más o menos mecánica. Este uso inmanente siempre se replica, y agota nuestras energías en un juego absorbente del que no tenemos descanso ni recreo, convirtiéndose en un mal infinito al que raramente logramos encontrar alguna salida.

---

[1] "Virginibus puerisque y otros escritos − Aex Triplex", traducción de Mary Sol de Mora, en *Obras completas*, Tomo IV, España, Aguilar, 2009, pp. 563-564.

El alma del guerrero nos sumerge en el mundo del pensamiento y, no obstante ser también pensamiento, se trata este de uno sensiblemente distinto. Lo que se nos propone es, precisamente, elevarnos por sobre el ámbito de los motivos y los objetos mundanos para ser capaces, desde esa perspectiva más depurada y abarcativa, de arrojar una mirada al curso completo de nuestras vidas. Hablamos, por lo tanto, de un pensamiento donde *vida* y *muerte* toman dimensiones algo distintas a las corrientes. Es allí donde –quizás inesperadamente– nos será dado conocer su verdadero significado y alcance. Tal vez, uno de los mayores objetivos que se plantea este libro sea el de librarnos de algunos prejuicios frecuentes en torno a la muerte y ayudarnos a atisbar –o al menos presentir o adivinar– un nuevo y mayor sentido para nuestra vida, tantas veces vacía.

Cierto es que muchos son los libros que se escriben con tal propósito y que pretenden liberarnos de miedos e inquietudes tan naturales como comunes. Incluso dentro del ámbito académico son varios los manuales de bioética que abordan temas como los de la eutanasia, con el fin de informarnos cuáles son las posturas existentes hoy en día en torno a esta temática. Sin embargo, el libro que tenemos en estos momentos entre nuestras manos no se parece en nada a lo que se pudo haber escrito hasta la fecha. Su autor, Jonathan Georgalis, miembro del Comité de Ética en Investigación del Hospital Pedro de Elizalde de Buenos

Aires, no es simplemente un Licenciado en Filosofía graduado de la más importante Universidad de Argentina; es, ante todo, un filósofo —uno genuino, de esos que parecía que ya no existían en nuestros días—. Y nos recuerda que, al margen de las posturas oficialmente sostenidas en torno a cualquier cuestión —sobre todo ante temas tan delicados y complejos—, lo mejor que podemos hacer es detenernos a analizar reflexivamente el problema por nosotros mismos, desde la especificidad de nuestra *propia* inteligencia y visión concreta; tratar de descubrir cuál es *nuestro* punto de vista, uno que no tiene por qué coincidir con el de alguien más, y que tiene —al menos el de nuestro autor— por objetivo suficientemente elevado el ayudarnos a ponernos de acuerdo con la realidad y, tal como querían los estoicos, ser un poco más amigos de nosotros mismos, dándole un uso pleno al propio intelecto.

Tal ejercicio, eminentemente racional y reflexivo, fue el que ensayaron —con el mayor de los éxitos, en los más variados aspectos y sentidos— quienes acabaron por convertirse en los más grandes pensadores de todos los tiempos: Sócrates, Séneca, Epicteto, Plotino, Marco Aurelio. Lejos de adscribirse en forma mecánica a alguna moda actual o pasajera, *El alma del guerrero* se propone emprender algo diferente: hablarle a nuestro tiempo desde la profundidad —perennemente operante— de aquellos inmortales modelos vivos que la humanidad ha creado. Todas ellas personalidades únicas y originales –clásicos, por unánime reconocimiento– que han hecho su acto de presencia no sólo en al ámbito de la filosofía, sino también en el de las ciencias mismas –como es el caso de Lavoisier– o aun en el de la medicina clínica. Esta magnífica disciplina, tan antigua como la humanidad misma, que ha sabido aunar, en sus más grandes representantes, la técnica con el arte, la sabiduría con el servicio, se nos aparece a través de las páginas de este libro bajo un aspecto noble, reverente y claramente depurado. Ofreciendo la imagen integral y profunda que alcanzara algún día la misma medida que la de aquel Hombre al cual se proponía atender y curar. Aún podemos hallar, de hecho, unos pocos galenos que han tenido la suerte y el privilegio de mantener contacto con los auténticos maestros de la especialidad –aquella noble especie médica, hoy casi extinta–. Era esta una medicina integral, más humanitaria y leal, que se correspondía con una época menos técnica y algo más romántica. Una época con miles de defectos, como todas las demás; pero que, a pesar de ellos, conservaba la altísima pretensión de atender y consolar a las almas, hoy en día tan descuidadas.

En nuestro tiempo, donde la universalidad ha sido fragmentada en mil especializaciones, donde el ojo clínico parece desplazado las más de las veces por el instrumental técnico y el trato personal por la burocracia banal, pareciera seguir en pie apenas un tenue y lejano reflejo de aquel modelo en las jóvenes generaciones de doctores, el cual se va difuminando y apagando a pasos acelerados con el correr apresurado de los nuevos tiempos.

En un contexto tan complejo, inquietante y difuso como el que nos toca atravesar en estos momentos, creemos que *El alma del guerrero* tiene la gran virtud de ponernos nuevamente en contacto con la pluma y la historia de grandes médicos, que incluso nacieron, crecieron y se desenvolvieron bajo nuestro mismo suelo. A lo largo de las siguientes páginas podrá observarse de cerca cómo almas nobles y comprensivas, como las de José Ingenieros u Osvaldo Loudet —verdaderos restauradores de cuerpos y espíritus—, nos acercan casos clínicos reales sobre los cuales meditar y reflexionar. Bien sabemos que la sola teoría no sirve de mucho sin su contraparte (la práctica), sin el contacto directo con aquella realidad a la que debemos escuchar para luego diagnosticar y sobre la cual habremos de actuar, volcando sobre ella todo nuestro saber y dedicación, con el único fin de devolverle su auténtica significación. El autor de este libro tampoco parece haberse olvidado de ello. Y es por esto, creemos, que ha procurado armar esta obra no sólo transmitiendo y rescatando —desempolvando— el más puro saber que pueda hallarse perdido en las añejas páginas de la historia; sino, por sobre todas las cosas, desenrollando y desplegando el pergamino autorizado de los pensamientos, vidas y agonías —realizaciones paradigmáticas— de los más diversos autores. Aquellos que pasaron por este mundo dejando huella para que nosotros, hoy —en un mundo que por momentos pareciera a punto de romperse en mil pedazos—, logremos seguir aquellos surcos dejados en la arena —acaso ocultos por los años y el abandono— y consigamos, al término de tan larga y ardua travesía, encontrarnos finalmente a nosotros mismos con espíritu íntegro, reflexivo y renovado.

Patricia Cudeiro
Médica cirujana y traumatóloga infantil
(Hospital General de Niños Pedro de Elizalde)
Presidente del Comité de Bioética del Hospital Pedro de Elizalde
(2009-2018)

Paula Virginia Tarancón
Profesora de Filosofía por la Universidad de Buenos Aires
Miembro del Comité de Bioética Clínica
(Hospital General de Niños Pedro de Elizalde)

EL ALMA DEL GUERRERO

*Meditaciones filosóficas
en torno a la muerte y el despertar*

INTRODUCCIÓN
DE LA PROBLEMÁTICA

*El hombre enciende una luz para sí mismo
en la noche, cuando cierra sus ojos muriendo
[a esta vida], pero mientras está vivo, al
dormir, con sus ojos cerrados parece un muerto, y estando despierto parece un dormido.*[1]

Heráclito

Esto lo había dicho "el oscuro Heráclito, que
estampó sus pensamientos en sus escritos y
éstos los fue a depositar en el templo de Diana[2]
—pues sus pensamientos habían sido la armadura

---

[1] "De la naturaleza" en: Heráclito – Parménides – Empédocles, *Textos presocráticos*, traducción de Matilde del Pino, Barcelona, Edicomunicación, 1999, pág. 30, Fragmento XXVI, corchetes originales.
Para mayor comodidad, de aquí en adelante se entenderá que *todos los subrayados o corchetes incluidos en las citas son originales de las mismas, salvo indicación contraria.*
[2] Diana es el nombre romano de la diosa griega Artemisa, diosa de la caza. "Su culto es prehelénico y se radicaba en el Peloponeso, donde se la veneraba como divinidad de los bosques y de la fecundidad natural. En Homero, es hija de Zeus y de Latona o Leto y es la hermana gemela de Apolo. Diosa también de la castidad y tutora de la juventud de ambos sexos, iba ar-

de toda su vida y, en consecuencia, merecían conservarse para siempre en el templo de la diosa—"[3]. Esto lo había escrito Heráclito, decíamos, hacia el año 500 antes de nuestra era. Según las ediciones contemporáneas –que reúnen, de acuerdo a una edición canónica, los fragmentos y testimonios que nos llegaron de los pensadores presocráticos–[4], dicha cita corresponde al fragmento XXVI de los conservados del filósofo de Éfeso; y expresaría, en forma textual, lo efectivamente escrito por el antiguo pensador griego.

En otro fragmento, cuya conservación le debemos al emperador romano Marco Aurelio, será también Heráclito quien exprese:

Es necesario que no obremos y hablemos como dormidos. En efecto, también entonces [en el sueño] parece que obramos y hablamos.[5]

Los hombres, por más que se encuentren despiertos, usualmente no se diferencian de los dor-

---

mada de arco y flechas y se le atribuían, al igual que a su hermano, virtudes curativas y purificadoras" (Gabriel Nevani, *Mitos griegos*, Buenos Aires, Álvarez Castillo Editor, 2009, p. 80).

[3] Sören Kierkegaard, "Temor y temblor" en *Diapsálmata – Repercusión de la tragedia antigua en la moderna – La validez estética del matrimonio – Temor y temblor*, traducción de Demetrio Gutiérrez, Madrid, Gredos, 2015, p. 372.

[4] Las sucesivas ediciones que recogen los textos que nos han llegado de los pensadores presocráticos suelen respetar, en la selección de los fragmentos, la numeración de *Die Fragmente der Vorsokratiker*, obra canónica del estudioso alemán Hermann Diels en colaboración con su editor Walter Kranz.

[5] "De la naturaleza", p. 40, Fr. LXXIII.

midos en el modo en el que viven. Cada uno de ellos, absorbido en un mundo privado, cerrado a la racionalidad del *Lógos* universal, vive fascinado y confinado en su propio "orbe onírico".[6]

Si el hombre no obedece ni actúa de acuerdo a ese *Lógos*, a esa legalidad inmanente inscripta por la racionalidad divina en el universo, entonces no se encuentra despierto, pues no se abre a la realidad del cosmos circundante ni a los principios inteligentes que lo rigen. En otras palabras, si el hombre duerme mientras vive, entonces su vivir no diferirá de la muerte. En efecto, ambas modalidades de existencia se encuentran cerradas, clausuradas, impermeables a todo desarrollo trascendente.[7]

---

[6] El autor antiguo Plutarco, en su obra *De superstitione*, nos aclara estas ideas de Heráclito, el efesio. Así, según él, "Heráclito dice que para los que han despertado hay un solo y mismo mundo, mientras que cada uno de los que aún duermen está vuelto hacia su propio mundo" (Heráclito, "De la naturaleza", p. 43, Fr. LXXXIX).

[7] "Muerte es cuanto vemos estando despiertos, y cuanto vemos estando dormidos, vida" (Heráclito, "De la naturaleza", p. 29, Fr. XXI). Este fragmento particular ofrece algunas dificultades que acaso puedan llegar a resultar de interés. En una primera interpretación, la paradoja aparente puede entenderse fácilmente. En primer lugar, Heráclito parece estar entendiendo aquí por "muerte" la vida de los que transcurren absorbidos en un mundo impermeabilizado al *Lógos* universal (a quienes llevan este tipo de vida también se refiere, curiosamente, en otras ocasiones, bajo la denominación de "los que duermen", como puede comprobarse a partir de los fragmentos que nos han llegado a través de Marco Aurelio). En tanto que los "dormidos" de los que habla en este caso serían, por otro lado, los que, reflexionando en la esencia profunda de sí mismos, descubren, como un destello presto a desbordarse en un mar de llamas, el fuego siempre vivo y la racionalidad cósmica inscripta en el alma por la inteli-

gencia divina. Esta interpretación se confirma considerando que "el *Lógos* que se hace crecer a sí mismo pertenece al alma" (Heráclito, "De la naturaleza", p. 48, Fr. CXV). No obstante lo cual, como ya anticipamos, dicha interpretación es contradictoria con el carácter del tratamiento del sueño y de "los que duermen" llevada a cabo en otros pasajes por el propio Heráclito —tal como también lo hemos ido exponiendo en el cuerpo del presente estudio—. Sin embargo, una nueva interpretación puede ensayarse del enigmático fragmento. *Los despiertos contemplan la muerte. Los dormidos la vida. Es así como, dependiendo de la forma concreta en que observemos el mundo, este nos devolverá un aspecto distinto de sí mismo.* Es así que, en la medida en que estamos despiertos, contemplamos un extremo de la realidad; cuando nos situamos en el polo contrario, percibimos su opuesto. De esta forma, parece concluirse que lo que percibimos de la realidad depende de nuestra particular disposición espiritual. El dinamismo de los opuestos se verifica, igualmente, tanto desde un punto de vista subjetivo como desde el objetivo. La norma del devenir es, por ende, universal y se sostiene en una polaridad, un ritmo de oscilación entre polos opuestos que hacen las veces de términos entre los que se verifican las transformaciones. De acuerdo a esta última interpretación, es algo más difícil reconocer el carácter axiológico que se le otorga a la muerte y a la vida. La cuestión, en última instancia, tal vez no pueda ser resuelta del todo con los fragmentos con los que contamos. Si en este fragmento particular Heráclito continúa desarrollando su concepto del sueño tal como aparece en otros de los conservados, obtendremos una interpretación; si, contrariamente, aquí se utiliza una expresión en cierta forma desvinculada de las anteriores —lo que no deja de ser admisible en virtud de la carga poética anexa al tipo de comunicación acuñada—, la consecuencia habrá de ser la contraria. En efecto, si los que duermen tienen su propio mundo particular, ellos son, precisamente, quienes habrán de estar desvinculados del *Lógos* universal. Considere el lector que esta interpretación es distinta a la ensayada al principio de esta nota. Ahora bien, ¿qué es lo que contemplarán, por tanto, estos dormidos, clausurados en la interioridad de su propio mundo privado? Vida, nos dice Heráclito. *Para contemplar la muerte debemos despertar.* Esto puede comprenderse si se entiende que

En ese caso, la muerte no le arrebata al hombre nada. Este ya había muerto antes en su propia alma, acaso hace mucho tiempo, y su vivir biológico no era más que una extensión cotidiana y banal,

---

lo "muerto" pertenece al ámbito de las realidades que se nos presentan en el otro extremo de la existencia. Lo común y universal se corresponde con el fundamento. Pero es el caso que, para enlazar con el fundamento, debemos despertar. Aquí nos sale al paso la profunda concepción socrática, que considera que la filosofía consiste en un ejercicio del morir y el estar muerto. Una vez verificados estos movimientos, nuestra percepción es apta para la contemplación de los arquetipos eternos. En el caso de Heráclito, de modo análogo, al abrirnos al *Lógos* común —y despertar— es como observamos de frente el ámbito de "lo muerto" y de aquello que, como tal, no podría ya destruirse, dado que esta eventualidad se corresponde más bien con el ámbito de las existencias derivadas, a las que aquí se referiría Heráclito con el rótulo de "lo que está vivo". Es así como lo "muerto" enlaza, en cierta forma, con lo divino del *Arché*, de las realidades sagradas y el substrato primordial de la *physis*. Es este el fuego siempre vivo al que Heráclito alude en el fragmento XXX. Podemos, en efecto, cambiar aquí la predicación que de estos ámbitos de la realidad, en cada caso, ensayemos. Existe, según esta interpretación, un complejísimo juego de predicaciones. *Todo depende, en última instancia, de la parte de nosotros con que arrojemos una mirada al mundo* y en virtud de la cual evaluemos. Antes de finalizar esta nota, quizás un tanto erudita —que bien puede ser soslayada por el lector de cultura media o de intereses más modestos—, cabe tener en cuenta que la expresión ambigua permite interpretaciones diversas. Esta diversidad de interpretaciones, con todo, no involucra necesariamente su falsedad absoluta. Existe una verdad parcial y localizada en cada una de ellas, que puede ser reconocida por quienes a ellas se acerquen. Conforme la aptitud subjetiva del lector se halle mejor dispuesta, la interpretación variará y habrá de descubrir un contenido aun más valioso, un sentido renovado y las honduras ilimitadas de una razón inspirada y un espíritu clarividente, a la par de profético.

la prolongación inercial de un estado de muerte perpetua, que sólo se terminará con la cesación efectiva de las funciones vitales. Y, sin embargo, en el momento de morir, con la extinción de la organización biológica, comienza el estado en el que el hombre *enciende una luz sobre sí mismo*, luz que hará las veces de psicopompo[8], numen refulgente y guía.

Es así como la muerte, para Heráclito, no termina con la existencia del hombre. No es más que uno de los extremos en los que se *expresa* una realidad que es permanente, única y, en los vertiginosos ritmos de su transformación constante, esencialmente idéntica a sí misma:

> Una misma cosa está en nosotros cuando vivimos o estamos muertos, despiertos o dormidos, jóvenes o viejos; porque estas cosas, dándose una vuelta, son aquéllas, y aquéllas, dándose otro giro, son éstas.[9]

Es, por lo tanto, una y la misma naturaleza, la misma existencia, la que navega y se desarrolla en uno y otro polo de una realidad que, como el río cuyo flujo es permanente y sus aguas cada vez distintas, permanece siendo la misma a través de todas las transformaciones de su cauce. En virtud de esta unificación del concepto de realidad, una vez que la inteligencia, asida al *Lógos* universal, haya logrado trascender la multiplicidad aparente y las

---

[8] El psicopompo —del griego ψυχοπομπός (*psychopompós*): *psyché*, "alma"; y *pompós*, "el que guía o conduce"— no es otro que el guía de las almas en su viaje hacia el otro mundo.
[9] Heráclito, "De la naturaleza", p. 43, Fr. LXXXVIII.

contradicciones parciales de todo lo que nos rodea, se tornará comprensible el hecho de que, para el antiguo sabio de Éfeso,

> Los inmortales son mortales. Los mortales, inmortales. La vida de éstos representa la muerte de aquéllos, la muerte de aquéllos la vida de éstos.[10]

Los seres vivos surgen, se generan, a partir de la muerte de los inmortales y los inmortales de la de los primeros. La "muerte", la desaparición en uno de los polos de la realidad, es la condición de posibilidad de un nuevo surgimiento en el extremo opuesto de la misma.[11] El movimiento perpetuo de

---

[10] "De la naturaleza", p. 38, Fr. LXII.

[11] Esto es clave para comprender el vínculo profundo y misterioso que liga a la muerte con la generación. Esta idea nos acercará una suerte de faro para orientarnos y comprender el siguiente aserto, que acaso pueda parecer algo oscuro para algunos lectores: "Si no fuera que hacen la procesión y cantan el himno a las partes pudendas en honor de Dionisos, resultarían los actos más vergonzosos. Mas por mucho que deliren y celebren, Hades y Dionisos son un mismo dios" (Heráclito, "De la naturaleza", p. 28, Fr. XV). Aquí es claro cómo, para Heráclito, la identidad entre la generación, la naturaleza y la muerte (lo que contemplamos estando despiertos, de acuerdo al fragmento XXI analizado en la nota 7) se nos presenta en una pluralidad de aspectos parciales, integrados a su vez en el marco de una unidad coherente de carácter total. Esa unidad se refuerza toda vez que el substrato de la realidad es considerado como único y los principios que lo rigen encuentran su fundamento en el *Lógos* común. De esta forma comprobamos cómo Heráclito, con exquisita habilidad, juega con las ideas y nos muestra cómo lo que parecía distinto (y hasta opuesto) resulta finalmente idéntico en su esencia. Al mismo tiempo, nos permite vislumbrar cómo, de esa realidad esencialmente única, emergen una multiplicidad

uno a otro contrario es contenido y constituyente de la misma pluralidad, integrada en una totalidad completa.[12] Una misma realidad, el alma, es la que se expresará también en el movimiento cíclico que se desarrolla, de uno a otro extremo, en el interior de una dimensión que se extiende entre lo mortal y lo inmortal, y cuyo tránsito se encuentra resguardado por el "nacimiento" y por la "muerte" en las direcciones opuestas de un movimiento rítmico y sin fin. Es con estas consideraciones presentes que Heráclito de Éfeso nos dice:

A los hombres, al morir, les aguardan cuantas cosas no esperan ni sospechan.[13]

---

de fenómenos parciales, un devenir constante y algo así como una suerte de torbellino en contradicción perpetua. Un desarrollo más extenso de esta problemática excede con mucho los intereses y objetivos planteados por este libro. Por lo que invito al lector interesado en profundizar en el pensamiento de este antiguo filósofo griego a leer el capítulo "Un profeta de Éfeso: Heráclito", dentro de *La sabiduría presocrática* (título de próxima publicación), donde me dedico con mayor detenimiento al estudio y análisis de su imponente y preciosa doctrina.

[12] Así se configura, entre los extremos de la oscilación, una suerte de unidad dimensional que torna inteligible la existencia de un ritmo de transformaciones permanente. En efecto, en una oscilación, en un movimiento que avanza de uno a otro extremo de las respectivas dimensiones desde las que se considera el cambio, el término del movimiento es aquel que retorna al principio y, por lo tanto, la instancia de llegada del cambio coincide con el punto de partida. Esto mismo es lo que expresa genialmente Heráclito cuando afirma que "en el círculo comienzo y fin son uno" ("De la naturaleza", p. 46, Fr. CIII).

[13] "De la naturaleza", p. 30, Fr. XXVII.

Sin embargo, el modo concreto en que se presente la vida transmundana no reflejará sino lo que el hombre mismo haya hecho con su propia alma. El individuo que asimile el *Lógos* eterno o la Ley divina nacerá, consecuentemente, a la vida inmortal, dado que, consubstanciado con la misma, es hijo natural de ella, como si se tratara de su Patria verdadera. Una misma Ley divina rige tanto los destinos cósmicos como los humanos. Y esta Ley, como el fuego mismo que constituye el símbolo del substrato sagrado de la realidad, es inocultable. En efecto, "¿cómo se ocultaría alguien a [ese fuego] que nunca se oculta?"[14].

La idea de un castigo —o de un reconocimiento— *post mortem* a los méritos del individuo se sigue, entonces, de un modo claramente natural dentro de la filosofía de Heráclito. Y es que el hombre mismo, en aquello que tiene de más genuino, conforme al propio movimiento de su inteligencia y voluntad, se decide (o no) a participar de esa Ley sagrada, eterna y universal. Esa Ley divina el individuo la encuentra inscripta en la sustancia viva de su inteligencia personal. Su mérito o demérito se encontrará, por lo tanto, en la integridad de su propio carácter intrínseco. Es por ello también que habrá de ser imposible al hombre escapar a su propia ley. El mismo Heráclito expresará que:

---

[14] Heráclito, "De la naturaleza", p. 28, Fr. XVI.

El mejor reputado conoce y guarda las apariencias. Sin embargo la Diosa de la Justicia alcanzará también a los fabricantes de mentiras y falsos testigos.[15]

En el anverso de la divina medalla de la retribución –que por reverso nos ofrece la cara de la condena y el castigo–, en el reconocimiento de las virtudes desplegadas por el individuo, existirá a su vez una evaluación ponderada de los méritos alcanzados por el hombre a lo largo –y en las profundidades– de su especial desenvolvimiento mundano. *La elevación cualitativa de la personalidad dependerá directamente del grado en el que se lleve a cabo la asimilación del Lógos eterno y la racionalidad universal.* Por lo demás, la propia muerte, el modo en que efectivamente se realice la precipitación de este postrer tramo, es considerada de una manera clave en lo que hace a la evaluación *post mortem* y los consecutivos desarrollos del ser humano:

Tanto los dioses como los hombres honran a los caídos en combate.[16]

Mayores muertes obtienen mayores suertes.[17]

Estas ideas de Heráclito de Éfeso, aquí superficialmente reconstruidas y brevemente esbozadas en lo relativo a su concepto de la muerte y los destinos del espíritu humano, representan la primera filosofía rigurosamente articulada y claramente ex-

---

15 "De la naturaleza", p. 31, Fr. XXVIII.
16 Heráclito, "De la naturaleza", p. 30, Fr. XXIV.
17 *Loc. cit.*, Fr. XXV.

puesta que nos ha legado la historia del pensamiento filosófico. Lo novedoso aquí consiste en que la reflexión teorética acerca de la muerte se articula en una noción clara y definida de la naturaleza y es dependiente también de una dada concepción del alma. La *pneumática*, el estudio filosófico del espíritu humano, se continúa en la escatología, la disciplina que se ocupa de su desarrollo existencial extramundano; y ambas temáticas encuentran su sitio en una concepción teórica sólida y mucho más amplia, donde las teorías metafísicas se encuentran —en una armonía sorprendente— con las reflexiones epistemológicas.

La de Heráclito será, pues, *la primera de las filosofías que nos es dado reconstruir* donde el tratamiento del tema de la muerte presenta una inserción sistemática en una concepción del universo y del hombre de un cariz originalísimo y de proyecciones teóricas sorprendentemente profundas.

La filosofía escatológica de Heráclito nos servirá como una instancia paradigmática en lo que hace al entramado sustantivo de este libro. En él trazaremos, a lo largo de las siguientes páginas, una suerte de itinerario por una diversidad de tratamientos, escritores y pensamientos donde se abordará el tema de la muerte, en general, y la cuestión relativa a la intervención humana en la precipitación de su desenlace, en particular. Procuraremos, de este modo, obtener un pantallazo acerca de una multiplicidad de concepciones, no solamente para poder realizar un posterior relevamiento de la diversidad de opiniones expresadas sobre la temática, sino sobre todo para lograr obtener importantes distinciones en aspectos que, desde un tratamiento unilateral, habrían de resultar obviados.

Nuestra exposición no será, consiguientemente, sistemática; pero intentará hacer justicia, aunque más no sea en escala reducida y de un modo superficial, a una diversidad de conceptuaciones y una comunidad de aspectos que concurren a la problemática que aquí nos hemos propuesto abordar. En función de los avances de dichos desarrollos, y de las importantes distinciones sobre ellos establecidas, concluiremos intentando —cuanto menos— esbozar también una solución de carácter personal. No obstante, se coincida o no con la solución propuesta, creemos que no podría sino resultar provechoso para el lector recogerse y atender con solicitud a los escritos aquí trabajados. Por nuestra parte, con despertar su interés por intentar una respuesta propia, racionalmente fundada, e incentivar la pretensión de nutrirse, para ello, de las fuentes directas —fuentes de altísima dignidad, muchas de ellas ya clásicas—, consideramos haber alcanzado con creces el objetivo principal que motivó y presidió la realización de esta obra.

LA MUERTE PARA EL FILÓSOFO

—*Dime ahora tú —dijo [Sócrates]— de igual modo respecto a la vida y la muerte. ¿No afirmas que el vivir es lo contrario al estar muerto?*

—*Yo sí.*

—*¿Y nacen el uno del otro?*

—*Sí*

—*Así pues, ¿qué se origina de lo que vive?*

—*Lo muerto.*

—*¿Y qué de lo que está muerto?*

—*Necesario es reconocer —dijo— que lo que vive.*

—*¿De los muertos, por tanto, Cebes, nacen las cosas vivas y los seres vivos?*

—*Está claro.*

—*Existen entonces —dijo— nuestras almas en el Hades.*

—*Parece ser.*

—*Es que de los dos procesos generativos a este respecto, al menos uno resulta evidente. Pues el morir, sin duda, es evidente, ¿o no?*

—*En efecto, así es —respondió.*

—*¿Cómo, pues —dijo él—, haremos? ¿No admitiremos el proceso genético contrario,*

> *sino que de ese modo quedará coja la natu-*
> *raleza? ¿O es necesario conceder al morir*
> *algún proceso generativo opuesto?*
> *—Totalmente necesario —contestó.*
> *—¿Cuál es ese?*
> *—El revivir.*[1]
>
> PLATÓN

El argumento relativo a la inmortalidad del alma aquí extractado está contenido en el *Fedón*, obra platónica correspondiente a su período de madurez,[2] y es conocido generalmente co-

---

[1] "Fedón" en *Volumen I*, traducción de Carlos García Gual, Madrid, Gredos, Colección "Grandes pensadores", 2010, pp. 630-631, corchetes nuestros.

[2] Los diálogos de Platón han sido clasificados por los estudiosos, de acuerdo a su fecha presunta de composición, en: diálogos de juventud, de transición, de madurez y de vejez. En los diálogos de juventud se presume que la figura y las ideas expuestas en ellos por Sócrates es mucho más fiel a la realidad histórica de su protagonista. Los diálogos de transición son aquellos donde comienzan a insinuarse ideas definidamente platónicas que aparecerán, en forma completamente articulada, en los diálogos de madurez. Los diálogos de madurez responden, por lo demás, a un concepto caro al pensamiento antiguo, nos referimos al *acmé* de un determinado pensador, esto es, aquel período de su vida en que este alcanza el completo desarrollo y se encuentra en pleno dominio de su inteligencia, alcanzando al mismo tiempo la cima de su potencial creativo. Los diálogos de madurez nos ofrecen una exposición completa, y exquisitamente desarrollada en su faz literaria, de la concepción platónica y se extendería, aproximadamente, entre los 40 y los 60 años de la vida del filósofo griego. Los diálogos de vejez se ocupan, preferentemente, de cuestiones gnoseológicas y suponen una revisión crítica y, al mismo tiempo, una profundización teorética

mo "de los contrarios" o bien como "argumento heraclíteo". El porqué de este nombre es fácilmente reconocible teniendo en cuenta lo ya leído acerca del sabio de Éfeso en el capítulo anterior. Los supuestos clave del argumento radican en la idea del *movimiento perpetuo* y en la efectividad de *los contrarios como instancias fundamentales y constitutivas del universo.*

La realidad se nos ofrece cualificada en una serie de contrarios –que la tradición pitagórica anterior ya había categorizado en unas famosas tablas– que aparecen y se desarrollan en un ritmo de transformación permanente. *Todo movimiento se verifica entre uno y otro de los extremos.* Lo que crece lo hace desde un estado de pequeñez, lo que se calienta desde una condición de mayor frialdad, lo que está muerto se genera de lo que previamente estaba vivo. Pero este movimiento no se verifica entre contrarios en una única dirección, en uno solo de sus sentidos. *La perpetuidad del dinamismo supone que el movimiento se continúe de uno a otro de los extremos contrapuestos.* La continuidad del movimiento, luego, tiene por condición de posibilidad la *constitución de un ritmo cíclico.* Y este carácter cíclico en

---

con respecto a la producción del período anterior. En lo literario, las obras pierden en calidad y la escena dramática se halla notablemente menos desarrollada, acentuando la complejidad dialéctica, que adquiere un formato a veces muy prolijo e incluye argumentaciones algo densas y de un seguimiento que, en muchas ocasiones, resulta realmente complicado. Según los antiguos estudiosos, Platón habría muerto hacia los 80 u 81 años, en conservación plena de su inteligencia y trabajando aún en la redacción de nuevas obras.

que se nos ofrecen los fenómenos de la naturaleza, por lo demás, no se encuentra exigido solamente por el pensamiento, sino que también se nos muestra de un modo efectivo en el curso de nuestras propias experiencias más básicas.

La conclusión (preliminar)[3] del argumento es que, si lo que está muerto surge de lo que antes estaba vivo, es necesario que lo que hoy vive se genere de lo que previamente no vivía, en otros términos, que surja de lo que estaba muerto. Así se constituye un ciclo que perpetúa las transformaciones: *los vivos se generan de los muertos y los muertos surgen de los vivos*. Y si ello es posible es porque

---

[3] Decimos que la conclusión es sólo preliminar porque, en la misma obra platónica, se formularán algunas posibles objeciones a las consecuencias a las que parece arribar este argumento. Sócrates se encarga de reforzar esas conclusiones y, hoy día, los estudiosos entienden que el 'argumento de los contrarios' no debe ser comprendido de un modo aislado. En rigor, todos los argumentos presentados (en esta y otras obras) por el propio Platón debieran ser considerados para evaluar realmente la fuerza del argumento, que funciona perfectamente en tanto integrado al conjunto de la filosofía platónica. Por lo demás, es incontrovertible que este argumento solamente resulta concluyente —planteando una menor exigencia con el lector— en conjunción con el 'argumento de la reminiscencia', trabajado por Platón en esta misma obra: *conocer no es otra cosa que recordar, que extraer el conocimiento desde los escondidos fondos del espíritu*; la experiencia solamente nos ofrece una ocasión para *despertar* los contenidos latentes en el espíritu. Entonces se comprende, y puede sentarse con fuerza inconmovible, la tesis de que *las almas que nacen a esta vida proceden desde el Hades (el otro mundo)*, donde les fue dado conocer, en forma directa y en toda su pureza, aquellas mismas realidades cuyas semejanzas se ofrecen a nuestra experiencia concreta de un modo deficiente y meramente aproximado.

ambas cosas, lo vivo y lo muerto, son la misma realidad que, dándose una vuelta, en cada ocasión, nos ofrece una sola de sus fases opuestas. Esta conclusión, de espíritu claramente heraclíteo, es por demás lógica y se desprende de manera natural; y así se lo hace comprender Sócrates a sus interlocutores sorprendidos:

> —No es nada difícil de imaginar lo que digo –dijo él–. Así, por ejemplo, si existiera el dormirse, y no se compensara con el despertarse que se origina del estar dormido, sabes que al concluir todo vendría a demostrar que lo de Endimión fue frusilería y en ningún lugar se le distinguiría por el hecho de que todas las cosas tendrían su mismo padecimiento: quedarse dormidas.[4]

En efecto, hechizado por la luna, Endimión había quedado sumergido en un sueño perpetuo.[5] Si existiera un solo sentido en el movimiento, el

---

[4] Platón, "Fedón", pp. 631-632.

[5] "Endimión era el hermoso hijo de Zeus y de la ninfa Cálice, eolio por la raza aunque de origen cario, que expulsó a Climeno del reino de Élide [...]. Endimión dormía una noche en una cueva del monte Latmos cuando Selene [la luna] lo vio por primera vez, se acostó a su lado y le besó suavemente en los ojos cerrados. Más tarde, según dicen algunos, volvió a la misma cueva y cayó en un sueño sin sueños. Este sueño, del cual nunca iba a despertar, le vino o bien a propia petición, porque aborrecía la aproximación de la vejez, o bien porque Zeus sospechaba que intrigaba con Hera, o bien porque Selene descubrió que prefería besarle suavemente antes que ser objeto de su pasión demasiado fértil. Sea como fuere, nunca se ha hecho ni un día más viejo y conserva en las mejillas la lozanía de la juventud" (Robert Graves, *Los mitos griegos*, Vol. I, traducción de Luis Echávarri, Madrid, Alianza, 1992, p. 259, corchetes nuestros).

conjunto de los seres quedaría sumido en un sueño perpetuo. Una vez en ese estado, el dinamismo todo acabaría por agotarse en una unidad homogénea. Así se había expresado anteriormente Anaxágoras al suponer que en el principio todas las cosas estaban confundidas juntas. Luego, la Inteligencia operaría sobre esa masa homogénea, y el movimiento del torbellino rompería el equilibrio en virtud del cual se separarían los contrarios y se constituiría el universo.

La conclusión preliminar es que, para que el dinamismo cósmico no se paralice, se requiere que el proceso se verifique en una y otra de sus direcciones. Un proceso debe ser acompañado por la *posibilidad de un movimiento en negativo*, el que se desarrolla de uno a otro de los extremos *en sentido opuesto*. De igual forma, como es natural, habrá de suceder con la muerte, que representa la destrucción de los seres concretos y la disgregación de los elementos de los que ellos se forman. Si el proceso de destrucción no se acompañara de otro que, en cierta forma, reconstituya lo que él elimina, nada de lo que efectivamente se da en la realidad se presentaría nuevamente.

Estos y otros argumentos fueron expuestos, de acuerdo al *Fedón*, por Sócrates en el último día de su vida. Esa misma tarde del año 399 antes de nuestra era, al mismo tiempo que el sol ateniense estaría declinando y las tinieblas se preparaban para descender sobre la ciudad, el filósofo griego jugaba con la copa de veneno y procuraba no partir sin antes ofrecer alguna libación en sacrificio a los dioses. El filósofo, que había sido condenado por la Asamblea del pueblo en su acusación de corromper a la juventud y de no respetar a los dioses de la ciudad[6] encomienda, con el último hálito de sus palabras, un sacrificio a Asclepio[7], dado que el Dios, con la muerte, le había sabido procurar la medicina requerida por su alma, luego de una jornada vital esforzadamente dedicada al servicio divino en las marismas interiores de una tierra tan yerma. Es así como *el más sabio de los atenienses es condenado por impiedad, en razón del servicio prestado a los dioses*. Pronto la cicuta dejaría al alma libre y al cuerpo frío. Sócrates abandonaría la vida mortal y se encontraría con los auténticos jueces, los que presiden el tránsito a la otra vida, los mismos que sabrían cómo juzgar el auténtico carácter de sus acciones devotas.

---

[6] Los *Recuerdos de Sócrates* de Jenofonte principian con las siguientes expresiones: "A menudo me he preguntado sorprendido con qué razones pudieron convencer a los atenienses quienes acusaron a Sócrates de merecer la muerte a los ojos de la ciudad. Porque la acusación pública formulada contra él decía lo siguiente: 'Sócrates es culpable de no reconocer a los dioses en los que cree la ciudad, introduciendo, en cambio, nuevas divinidades. También es culpable de corromper a la juventud'" ("Recuerdos de Sócrates" en *Recuerdos de Sócrates y Diálogos*, traducción de Juan Zaragoza, Madrid, Gredos, 2015, p. 19).

[7] Se trata del mismo Esculapio de los romanos. Según Robert Graves, "Asclepio, dicen los epidaurios, aprendió el arte de la curación tanto de Apolo como de Quirón. Llegó a ser tan hábil en la cirugía y en el empleo de medicamentos que se le venera como el fundador de la medicina. No sólo curaba a los enfermos, sino que además Atenea le dio dos redomas con sangre de la Gorgona Medusa; con la extraída de las venas de su lado izquierdo podía resucitar a los muertos, con la extraída de su lado derecho podía matar instantáneamente" (*Los mitos griegos*, p. 215).

Cerca de un mes antes, frente a la Asamblea que lo había condenado, el filósofo había declarado a los jueces que votaron contra su condena:

—Sí, jueces, que tal es el nombre que merecen, hoy me ha sucedido algo extraordinario. Se trata de aquella profecía de mi demon familiar que se ha dejado oír frecuentemente a lo largo de mi vida y se me oponía, aun en cosas sin importancia, siempre que iba a hacer algo que no debía. Pues bien, me ha ocurrido hoy el haber sido condenado a muerte; me ha ocurrido hoy lo que se puede considerar el peor de los males, y esa voz divina no se me ha opuesto ni esta mañana temprano, al salir de mi casa, ni al presentarme frente al tribunal ni mientras hablaba, o cuando estaba a punto de decir algo, y eso que muchas veces me había interrumpido en medio de otros discursos [...]. ¿A qué debo atribuir este silencio? Se los diré: a que, según creo, lo que me ocurre ahora es un bien. Debemos estar en un error cuando consideramos a la muerte como un mal.[8]

Sócrates, en otras ocasiones, con mucha frecuencia, había oído esa voz que, desde los abismos insondables de una deidad oculta, se hacía escuchar en su interior; y conocía, por experiencia, que esta no engañaba ni mentía. Sabía que la virtud del hombre consiste en obedecer confiadamente la Ley del Dios. Y esa Ley es reconocida por el hombre a través de la intermediación del *demón*[9] familiar, el guía interior.

---

[8] Platón, *Apología de Sócrates*, traducción de Iñaki Irauta, Buenos Aires, Gradifco, 2004, pp. 41-42.
[9] El *demón* o *daimón*, según el diccionario filosófico de Luis Benítez, "es la divinidad y también el destino. En la antigua Grecia

El filósofo es aquel que, por su propia naturaleza, disciplina y formación, se encuentra en mejores condiciones de escuchar la voz de ese guía que, como el *Lógos* de Heráclito, es la norma misma que rige el orden universal, pero que se despliega también en el ordenamiento ideal del cosmos humano. La voz del *demón* presentaba una característica especial: tenía una función negativa, dado que solamente se dejaba oír, y Sócrates así lo advierte, cuando este iba a hacer algo que no convenía.[10] Pero, ¿qué habría de ser lo justo y ade-

---

era una suerte de divinidad que intervenía en el destino humano. Su derivado *daimonion* significa 'lo divino', así como 'lo demoníaco', 'lo fatal' y 'lo sobrehumano'. Platón y Jenofonte hablan repetidamente del *daimon* de Sócrates, que según las diversas versiones se traduce como dios, demonio, duende o simplemente voz interior" (*Diccionario de filosofía*, Vol. 1, Buenos Aires, Pluma y Papel, 2008, p. 292).

[10] De hecho, en los *Recuerdos de Sócrates* de Jenofonte puede comprobarse cómo la acción del *demón* fue mucho más decisiva en el proceso que condujo a la condena a muerte del filósofo ateniense. Es así como Jenofonte, en esta obra, refiere una breve conversación de Sócrates con Hermógenes donde, ante la negativa de Sócrates a preparar una defensa para el juicio, este trata de disuadirlo para que lo haga con la mayor atención y celeridad posible: "'¿No te das cuenta, Sócrates, de que los jueces de Atenas, desorientados por los discursos, ya hicieron morir a muchos inocentes, y que, en cambio, absolvieron a muchos culpables?' 'Pues, ¡por Zeus!', dijo Sócrates, 'que ya al intentar ponerme a pensar en la defensa que presentaría ante los jueces se me opuso la divinidad'. '¡Sí que es extraño eso!', dijo Hermógenes. Y Sócrates: '¿Te extraña que al dios le parezca mejor que yo termine ya mi vida? ¿No sabes que hasta el día de hoy yo no me cambiaría por nadie por haber vivido mejor ni más a gusto que yo mismo? Porque yo creo que los que mejor viven son los que más se preocupan de llegar a ser lo mejores posi-

cuado para el Dios? ¿Consideraba que no había nada de indecoroso en el hecho de que Sócrates hubiera sido juzgado y condenado inicuamente por los hombres?[11] ¿Sería, acaso, la muerte lo más ventajoso y conveniente para el filósofo ateniense?

> En cuanto a ustedes, jueces, es necesario que afronten la muerte con grandes esperanzas, y crean en una sola cosa como verdadera: que no hay mal para el hombre de bien, vivo o después de la muerte, y que los dioses nunca lo abandonan.[12]

Quien tema a la muerte, había dicho Sócrates poco antes, es alguien que cree saber mucho más de lo que efectivamente conoce. Ahora bien, o la muerte es el desprendimiento de la parte inmortal

---

ble, y los que viven más a gusto son los que más se dan cuenta de que se han hecho mejores. Éste es el efecto que yo he notado que me ocurría a mí hasta el día de hoy, y cuando me encontraba con otras personas y me he comparado con ellas, he mantenido continuamente esta impresión sobre mí mismo" (p. 198).

[11] Sócrates habría expresado, poco más adelante en la misma conversación con Hermógenes —referida en la nota previa—: "¿Cómo no va a ser también una vergüenza un acto injusto? En cambio, ¿qué vergüenza puede ser para mí el que otros no hayan podido reconocer en mí la justicia ni ponerla en práctica? Por mi parte, veo que la fama que dejan en la posteridad los hombres de tiempos anteriores no es la misma para los autores y para las víctimas de la injusticia. Yo sé que, aun en el caso de que muera ahora, la atención que conseguiré de la humanidad no será la misma que la de los que me han dado muerte, porque sé que siempre me serán testigos de que nunca hice daño a nadie, ni induje a nadie al mal, sino que siempre intenté hacer mejores a mis acompañantes" (Jenofonte, "Recuerdos de Sócrates", p. 199).

[12] Platón, *Apología de Sócrates*, p. 42.

del hombre o bien es el fin de toda conciencia. En el segundo caso, la muerte se asemejaría al sueño profundo, a un dormir sin ningún sueño que lo perturbe. ¡Qué maravillosa sería la muerte, si así fuera, y cuántos estarían bien dispuestos a abandonar con esa perspectiva una vida de asperezas, de luchas sin término y tan pródiga en desgarros y desasosiegos! En el primer caso, si el alma liberada del elemento corporal se dirige, de acuerdo a su naturaleza más íntima, hacia lo que es de su misma naturaleza —inmortal y, como tal, de esencia imperecedera—, la muerte tampoco representaría ningún mal. Nada más razonable que trocar un cuerpo mortal y sujeto a enfermedades por una esencia inmortal y de naturaleza divina; nada más razonable que abandonar la compañía de compatriotas injustos y querellas perpetuas para ascender a regiones donde los méritos son reconocidos y la armonía resplandece en derredor de los ejemplares espirituales más elevados. Allí, Sócrates podría discutir y disputar con almas realmente purificadas, como la de Minos, Eaco y Radamanto, auténticos jueces que presiden el juicio de las almas que cruzan las fronteras hacia el otro mundo. Allí podría beber de las mismas fuentes desde las que el profeta, el artista y el sabio abrevan la inspiración que da sustento y veracidad a sus dichos y belleza eterna a los cantos de su genio alado.

En ambas eventualidades, la muerte, para Sócrates, habría de ser un bien y, como tal, lo más conveniente para coronar la larga jornada de una faena laboriosa. Ahora bien, no obstante la alternativa anteriormente planteada en el *Fedón*, Sócrates afirmará de manera rotunda la tesis relativa a la *inmortalidad del alma* y –como ya anticipamos– ofrece argumentos convincentes y extraordinariamente elaborados. Allí, en discusión fundamentalmente con Simmias y Cebes –amigos tebanos y frecuentadores de los discípulos pitagóricos, diseminados a lo largo y ancho del mundo griego–, Sócrates ofrecerá algunas explicaciones referidas al porqué de la demora en la ejecución de su condena y del motivo por el cual sus últimas producciones[13] fueron un himno al dios Apolo[14] y la pues-

---

[13] "Muerto Sócrates, quedaron sus discípulos abandonados a sí mismos. Sentíanse huérfanos, porque ya no vivía el hombre que tan maravillosamente había personificado la filosofía. Su vida y su muerte habían dado en todo momento testimonio de su doctrina, pero esto era lo único que de su doctrina quedaba, porque Sócrates estimaba tanto la palabra viva como menospreciaba al libro muerto y no había dejado nada escrito. Desaparecido el maestro, sus discípulos hubieron de pensar en recoger y fijar por escrito los recuerdos de su vida y de sus enseñanzas" (J. E. Cohn, *Los grandes pensadores*, traducción de Domingo Miral, Barcelona, Labor, 1927, p. 44).

[14] La devoción de Sócrates por Apolo quizás merezca unas cuantas anotaciones. Es un lugar común, hoy día, la contraposición entre lo dionisíaco y lo apolíneo, ya establecida por Nietzsche en *El origen de la tragedia*. Ahora bien, la objeción nietzscheana a Sócrates pasa, precisamente, por esta adscripción a lo apolíneo, es decir, a lo diurno, reglado y armónico, lo racional y lo luminoso. Sócrates es, así, una encarnación de la racionalidad apolínea en el mundo. Es, entonces, la aparición sintomática de una época que había perdido contacto con las fuentes espontáneas de la vida, para el pensador alemán. Por nuestra parte, no debemos olvidar que Apolo era también el Dios preferido de Orfeo, el famoso citarista, figura legendaria a la que se remontaría la aparición de los misterios del orfismo. En ese sentido nosotros

ta en versos de unas fábulas de Esopo. Allí mismo el amante de la sabiduría nos comunica que, durante el transcurso de su vida, había tenido frecuentemente un sueño, donde se le ordenaba que se dedicase a la música.[15] Sócrates había entendido que la vida filosófica, asociada a la búsqueda sincera y sin tregua de la verdad, era la mejor música a la que podía dedicarse, haciendo justicia de esa manera al mandato de la divinidad.

Pero ahora, después de que tuvo lugar el juicio y la fiesta del dios retardó mi muerte,[16] me pareció que era preciso, por si acaso el sueño me ordenaba repetidamente componer esa música popular, no desobedecerlo, sino

---

comprendemos el carácter de esa música racional y la armonía, que adapta a nuestro ámbito la prístina esencialidad del concierto divino; en otras palabras, lo transforma en un cosmos —el mismo al que se referiría, en forma memorable, el pitagorismo—.

[15] La música refiere, aquí, a algunas de las artes y disciplinas presididas por las musas, por lo que su significado debe ser comprendido en sentido amplio. Interesante por demás es el hecho de que las musas solían acompañar, sirviendo de cortejo, al dios Apolo, divinidad tutelar de las artes y la ciencia médica. En este mismo sentido la tomó Sócrates, y por eso pudo pensar que dedicarse a la filosofía era cumplir con las directivas de la divinidad.

[16] "Casualmente se celebraba entonces una fiesta, durante la cual no podía cumplirse ninguna sentencia de muerte. Sócrates fue conducido a la cárcel y en ella pudo conversar como de costumbre con sus amigos. Como estaba poco vigilado, sus amigos buscaron y hallaron medios para que pudiera fugarse, pero él se negó a huir, porque estaba convencido de que debía toda sentencia legal ser acatada, aunque se la reputara injusta, porque la desobediencia a las leyes conduciría a la ruina del Estado. Llegado el momento oportuno, bebió la cicuta, conforme al precepto de la ley" (Cohn, *Los grandes pensadores*, p. 39).

hacerla [...]. Explícale, pues, esto a Eveno, Cebes, y que le vaya bien, y dile que, si es sensato, me siga lo antes posible. Me marcho hoy, según parece, pues lo ordenan los atenienses.[17]

Eveno, si era amante de la verdad, debía estar dispuesto a dejar la vida como un favor especial —en cierta forma semejante a aquel con que el pueblo ateniense había obsequiado a Sócrates— otorgado a él por la divinidad. Por ello, Sócrates les recomienda a sus amigos tebanos que le comuniquen que, si es filósofo de verdad, debe encontrarse dispuesto a seguirle en la muerte tan pronto como la ocasión propicia se le presente.

Simmias, el amigo tebano, le expresa a Sócrates su perplejidad. En efecto, ¿no es una representación espontánea aquella por la que reputamos la vida como un bien? Eveno, si es sabio y, como tal, racional por excelencia, tiene la posibilidad de sacar provecho a la vida y bien lejos se hallaría, por tanto, de seguir el consejo que Sócrates le expresa por intermedio de sus amigos beocios. Con todo, Sócrates insiste: si es filósofo, Eveno estará dispuesto a morir tan pronto como la ocasión se le presente.[18] Todo ello entraña una dada concepción de la vida, que bien merece ser esclarecida con mayor cuidado.

En efecto, Simmias cree que Eveno es un filósofo, pero aún no comprende de manera acabada la relación entre amar la sabiduría y estar dispues-

---

17 Platón, "Fedón", p. 616.
18 Cf. Platón, "Fedón", pp. 616-617.

to a morir tan pronto como la ocasión sea propicia para hacerlo. Este es el punto donde Platón, por medio de Sócrates, desarrolla una concepción por demás cara a su teoría: la de que *durante la vida, practicando metódicamente la filosofía, se podrá tener una experiencia de lo que se nos ofrecerá, de manera más perfecta, cuando estemos muertos y separados de nuestra actual vestimenta material.* El amante de la sabiduría, para aproximarse con esfuerzo a la verdad, debe irse despojando metódicamente del elemento corporal. Allí, a solas en su intimidad, lejos de toda impureza u opacidad, el alma podrá contemplar con los ojos de la inteligencia (y no con los de la carne) el contorno inteligible de los arquetipos prístinos.

La muerte no es otra cosa que la separación del alma y el cuerpo. Esta separación es la misma en la que se ejercitan, en forma consciente, quienes aman de veras la verdad y se dedican a la actividad filosófica tal como ella lo exige. Es esta también su aspiración suprema, como condición de posibilidad para lograr una visión más adecuada de las realidades más sublimes. Por ello, a su vez, se comprende que lo que le sucede a Sócrates —filósofo por excelencia—, la muerte, se encuentre bien lejos de ser reputado por él mismo como si fuese un mal. En atención a ello, Sócrates insiste en su caracterización de la filosofía ante Simmias:

—En realidad, por tanto —dijo—, los que de verdad filosofan, Simmias, se ejercitan en morir, y el estar muertos es para estos individuos mínimamente temible [...],

¿no sería una enorme incoherencia que no marcharan gozosos hacia allí adonde tienen esperanza de alcanzar lo que durante su vida desearon amantemente –pues amaban el saber– y de verse apartados de aquello con lo que convivían y estaban enemistados?[19]

La filosofía es, por lo tanto, una disciplina teorética que supone un comportamiento práctico definido, metódico y profundamente reglado. La separación del alma y el cuerpo es esencial a la *ascesis* filosófica[20] y condición de posibilidad de la purificación del alma, conjuntamente con el esfuerzo por encontrar aquella verdad que otorga

---

[19] Platón, "Fedón", p. 625.

[20] El ascetismo (o la ascética) consiste, según el diccionario de Luis Benítez, en "la propuesta moral de renunciar a los placeres y los apetitos corporales con el objetivo de purificar y elevar el alma del mundo corporal al mundo espiritual. Encontramos esta propuesta en la religión órfica, el pitagorismo, en Platón y el cristianismo" (*Diccionario de filosofía*, p. 120). Una aclaración más profunda de los vínculos del ascetismo con la religión puede hallarse en Nicolás Berdiaev, para quien "el fondo de toda religión auténtica y de toda auténtica mística es el deseo de vencer al 'mundo' como una esencia inferior. El ascetismo es el camino obligatoriamente trazado para llegar a esta victoria. No hay una vida mística o religiosa concebible sin el pasaje por el ascetismo, sin esta victoria lograda sobre una naturaleza inferior en nombre de una naturaleza más elevada. El ascetismo (que es eminentemente tensión espiritual) representa de manera general el método reconocido de toda experiencia religiosa o mística, pero el contenido encerrado en este método formal puede ser infinitamente diferente. Por ejemplo, no se puede negar la semejanza que existe entre las prácticas místicas de los yoguis orientales y el cristianismo oriental, aun reconociendo que el espíritu de estos dos tipos de místicas es diferente y aun contradictorio" (*El sentido de la creación*, traducción de Ramón Alcalde, Buenos Aires, Carlos Lohlé, 1978, p. 195).

un contenido precioso a la sabiduría.[21] Siendo estas las características esenciales de la filosofía, si Eveno es amigo de la verdad y un discípulo sincero de la sabiduría, se encontrará dispuesto a seguir la suerte del filósofo condenado a beber la cicuta por reconocimiento especial del pueblo de su patria.

—Pues entonces, Eveno estará dispuesto, como cualquier otro que participe de esta profesión. Sin embargo, probablemente no se hará violencia, pues afirman que no es lícito.

Le preguntó entonces Cebes:

—¿Cómo dices eso, Sócrates, de que no es lícito hacerse violencia a sí mismo, pero que estará dispuesto el filósofo a acompañar al que muere?

—¿Cómo, Cebes? ¿No habéis oído tú y Simmias hablar de tales temas, habiendo estudiado con Filolao?

---

[21] El acceso a la verdad supone, en Platón, un trabajo continuo por adquirir todas las virtudes y reestructurar los principios que integran la unidad del psiquismo. Esta reestructuración del equilibrio anímico es condición indispensable para la posibilidad de hallar la verdad por parte del espíritu. De carácter marcadamente afín respecto al platonismo se nos aparecerán las siguientes afirmaciones del místico cristiano Jakob Böhme, quien nos ayudará al mismo tiempo a ilustrar algo más este ascetismo platónico asimilado al espíritu del cristianismo: "amada Alma: Cristo fue tentado en el desierto, y si tú quieres estar en Él, debes progresar desde su encarnación a su ascensión. Aunque no tengas que pasar por todo lo que Él pasó, debes penetrar por completo en su proceso y morir continuamente de corrupción. Porque la Virgen, la Sagrada sabiduría, no se ofrece al alma, a menos que el alma, por la muerte de Cristo, brote como una nueva planta en el cielo" (*Las confesiones*, traducción de Miguel Giménez Saurina, Barcelona, Abraxas, 2001, pp. 108-109).

—Nada preciso, Sócrates.[22]

Filolao era un filósofo perteneciente a los círculos pitagóricos. Los pitagóricos habían sido expulsados de Crotona y se habían dispersado, junto a sus ideas científicas, filosóficas, esotéricas y soteriológicas, por todos los territorios de Grecia.[23] Filolao les había comunicado, luego, a los tebanos Simmias y Cebes ideas correspondientes a su propia tradición pitagórica. Con todo, este no les había dado explicaciones suficientes y, ante las afirmaciones de Sócrates de que la filosofía consiste en una práctica de separación metódica del elemento espiritual con respecto a su soporte material, no logran percibir por qué es ilícito propiciar esta separación lo más rápidamente posible, confiriéndose la muerte ellos mismos.

—¿Con qué fundamento, pues, afirman que no es lícito matarse a sí mismo, Sócrates? Pues yo, justo lo que tú decías hace un momento, ya se lo había oído a Filolao [...]. Pero nada preciso he escuchado nunca acerca de esos asuntos.
—Bueno, hay que tener confianza —dijo— pues tal vez en seguida vas a oírlo. Quizá, sin embargo, te parecerá extraño que este asunto frente a todos los demás sea

---

[22] Platón, "Fedón", p. 616.
[23] Oriundo de Crotona (ciudad perteneciente a la Magna Grecia, actualmente en el sur de Italia), Filolao había sido dispersado de la ciudad, junto al resto de los seguidores del pitagorismo, radicándose en Tebas. Allí fundó su escuela; y no debe olvidarse que tanto Simmias como Cebes eran oriundos de esa ciudad de Beocia. Cf. Platón, "Fedón", p. 616 y la nota 15 de dicha edición.

simple, y que nunca le ocurra al hombre, como sucede con los demás seres, que se encuentre en ocasiones en que también a él le sea mejor estar muerto que vivir, y en los casos en que le es mejor estar muerto, quizá te parezca extraño que a esos hombres les sea impío darse muerte a sí mismo, sino que deban esperar a otro benefactor.

Entonces Cebes, sonriendo ligeramente, dijo expresándose en su dialecto:

—¡Sépalo Zeus!

—Pues sí que puede parecer –dijo Sócrates– que así es absurdo. Pero no lo es, sino que, probablemente, tiene una explicación. El dicho que sobre esto se declara en los misterios, de que los humanos estamos en una especie de prisión y que no debe uno liberarse a sí mismo ni escapar de ésta, me parece un aserto solemne y difícil de comprender.[24]

No obstante ello, es evidente, para Sócrates, que los dioses se ocupan de nosotros y que es a ellos a quienes les corresponde decidir con respecto a la conservación o no de nuestra vida. El hombre, finalmente, no puede poner término a su existencia porque esta no le pertenece a él, sino a la divinidad, que se la ha entregado en custodia. Ella, infinitamente más sabia que nosotros, nos ha colocado en el mundo para que ocupemos un lugar y cumplamos la función asignada por su inteligencia infalible. ¿En qué consiste, por lo demás, esa función que debemos respetar, so pena de lesa impiedad? En ser justos en todo momento.

Pero, ¿en qué ha de radicar, por otra parte, la esencia de esa justicia que tan insistentemente se

---

[24] Platón, "Fedón", pp. 616-617.

nos propone? Sin encontrarnos en condiciones de poder profundizar en la respuesta en estos momentos, diremos simplemente, en consideración de los textos aquí examinados,[25] que la justicia consiste en obedecer y nunca acallar la voz del *demón* interior. En otros términos, en cumplir irrestrictamente con la Ley de la divinidad, inscripta en las profundidades de nuestra propia sustancia espiritual.[26]

Entonces, y solamente entonces, cuando esta Ley lo exima en forma expresa –y lo hará, como en el caso de Sócrates, para salvaguardar una virtud más valiosa que la que hace a la conservación de nuestra simple organización biológica– a dejar el puesto que ella misma determinó –del mismo modo en que un sabio estratega, en atención a la salvaguarda de un objetivo superior, reordena las posiciones de los contingentes de que consta su ejército–, el amante de la verdad, el filósofo amigo de la sabiduría, tomará su copa llena de vene-

---

[25] Un análisis más completo de la concepción platónica de la justicia debe atender, sobre todo, a lo expresado en la *República*. Dicho análisis excede con mucho los fines del presente trabajo. No obstante lo cual, algo de ello mencionaremos más adelante en nuestro libro.

[26] Una comprobación de estos asertos puede hallarlos el lector en el Libro IV de los *Recuerdos de Sócrates* de Jenofonte, donde se refiere a un diálogo del sofista Hipias con el filósofo ateniense. Por su parte, en la *Apología de Sócrates* de Platón puede también rastrearse fácilmente esta idea del cumplimiento con el oráculo de Apolo y la obediencia al mandato a que le había destinado el Dios de modo manifiesto. En atención a ello puede entenderse el hecho de que Sócrates comprendiera su actividad filosófica como un servicio especial al dios Apolo.

no, procurará libar a los dioses en agradecimiento y agotará hasta la última gota del líquido que le facilitará abandonar nuestra áspera tierra, ingrato escenario obligado —y acaso elegido para cumplir el papel asignado a modo de expiación y purificación— de su existencia corpórea.

Así que por tales motivos debe estar confiado respecto de su alma todo hombre que en su vida ha enviado a paseo los demás placeres del cuerpo y sus adornos, considerando que eran ajenos y que debía oponerse a ellos, mientras que se afanó por los del aprender, y tras adornar su alma no con adorno ajeno, sino con el propio de ella, con la prudencia, la justicia, el valor, la libertad y la verdad, así aguarda el viaje hacia el Hades, como dispuesto a marchar en cuanto el destino lo llame.[27]

---

[27] Platón, "Fedón", p. 687.

LAVOISIER
Y LA PERVIVENCIA DEL SABIO

¡Sócrates! ¡Sócrates! ¡Sócrates! Triple llamado que bien se podría elevar a diez, si ello sirviera de cierta ayuda. El mundo necesitaría, se cree, de una república; se cree necesitar un nuevo orden social, una nueva religión, ¿pero quién piensa que este mundo perturbado necesita por toda ciencia a un Sócrates? Naturalmente que si alguien y sobre todo si varios pensaran en ello, se lo necesitaría menos. Lo que más falta hace cuando se sufre un descarriamiento, es siempre aquello en lo que menos se piensa y esto es evidente, pues, pensar en eso, sería volverse a encontrar.[1]

Sören Kierkegaard

Es sabido que la Tesis con la que Sören Kierkegaard se había recibido en Teología versaba acerca de Sócrates y el concepto de la ironía. Kierkegaard sabía, pues, perfectamente que la ironía era la postura que exhibía el triunfo de la

---

[1] *Tratado de la desesperación*, traducción de Juan Holstein, Barcelona, Edicomunicación, 1994, p. 110.

subjetividad –en otros términos, de la espirituali-
dad– sobre las posiciones dogmáticas, así como
sobre toda impostura personal o profesional.

Nuestra sedicente intelectualidad contemporánea, que se pronuncia con extrema superficialidad
sobre todas las cuestiones, ha descubierto que la
verdad es una herramienta de dominación, un instrumento de la tiranía. ¡En hora buena sepan extraer las consecuencias y comprendan que su posición no resultará por ello más valedera! Tanto
mejor resultaría retornar a las posiciones socráticas y reconocer la diferencia fundamental entre lo
que se conoce y lo que se desconoce, entre lo que
se sabe y lo que se ignora. El primer momento del
método socrático era, precisamente por ello, el puri-
ficatorio. El interlocutor era forzado a reconocer
su ignorancia y allí, sobre el suelo bien dispuesto
y preparado del alma, podría luego brotar y desarrollarse la verdad en un terreno fértil. Por lo que es
este solamente el primer paso. Mas esta instancia
aséptica resulta indispensable para la revelación
del conocimiento auténtico. Sócrates también lo
sabía; aunque, en virtud de su ironía, fingía ignorancia. El sabio era capaz, con su presencia, de
actualizar las virtualidades y hacer arraigar lo que
se encuentra en el espíritu apto para aprehender
la verdad, en las profundidades del ámbito inteligible de los arquetipos puros, en aquella esencia
única, incontaminada, inmortal y, como tal, de naturaleza semejante a la de Dios mismo.

La progresiva incompetencia de nuestros críticos no logra comprender algunas de las más su-

blimes expresiones socráticas, llegando al extremo de dudar, algunos de ellos, de la propia existencia de su autor. Es este un modo en que su ironía continúa operante aún en nuestra época. El genio irónico aprende a decir la verdad por medio de palabras falaces y el heraldo de los dioses se manifiesta inexorablemente como un ser despreciable y menesteroso. Se nos aparece, así, su ser aun en la forma de una ausencia, cada vez más sensible.

Entre algunas de las expresiones casi nunca mencionadas por los profesores se encuentra una contenida en el *Banquete* de Jenofonte. Allí, Sócrates nos dice que la virtud de la que se enorgullece es de la de ser un magnífico proxeneta.[2] Ello es así

---

[2] "'Y hablando de ti', dijo Calias, '¿de qué te enorgulleces, Sócrates?' Y él, levantando la cara con una expresión muy solemne, dijo: 'De mi oficio de alcahuete'. Y como todos se echaron a reír por la respuesta, continuó: 'vosotros os reís, pero yo sé que ganaría dinero si quisiera practicar ese oficio'" (Jenofonte, "Banquete" en *Recuerdos de Sócrates y Diálogos*, traducción de Juan Zaragoza, Madrid, Gredos, 2015, p. 323). Tanto la traducción del libro como las introducciones a los distintos textos de Jenofonte son hechas aquí por el mismo estudioso. Por ello quizás resulte algo sorprendente la elección del término "alcahuete" cuando, en su estudio preliminar al *Banquete*, el mismo Zaragoza había traducido y explicado las expresiones socráticas de un modo diferente: "La segunda parte (III-IV) está más trabada. Después de un canto del muchacho, Sócrates propone que cada uno diga en qué cifra su orgullo personal y que lo explique con razones. Calias se declara orgulloso de su riqueza; Nicerato, de su conocimiento de Homero como fuente máxima de todo saber; Critóbulo, de su hermosura; Licón, de su hijo, y Autólico, de su padre (no de su victoria en el pancracio); Antístenes, de su riqueza no material sino espiritual; Cármides, de la pobreza, que

porque —se nos aclara, en buena hora, por un estudioso competente— sabe cotizar a sus amigos y venderlos al máximo precio. El procedimiento por el que lo lleva a cabo, podemos colegir, es haciendo ver en los demás aquello que tienen de más elevado, y acaso oculto incluso para ellos mismos.

En cotejo con algunos otros diálogos contenidos en los *Recuerdos de Sócrates*, se comprende cómo el sabio ateniense reputaba la mentira al modo de un crimen de impiedad. Debemos comprender, entonces, que Sócrates, por medio de la refutación —y, acaso, de la magnitud de su sola presencia—,

---

permite vivir libre y sin preocupaciones; Hermógenes, de los dioses, que para él son sus mejores amigos, y, por último, Sócrates cierra la serie poniendo su orgullo en su talento de *proxeneta* o 'arte de prostituir a otro y hacerlo valer ante los clientes'" ("Introducción al *Banquete*" en: Jenofonte, *Recuerdos de Sócrates y Diálogos, op. cit.*, p. 300). Nuestra incompetencia en el idioma griego no nos permite avanzar en una crítica lingüística más técnica; pero es de notar, sobre todo, la inconsistencia. Sin duda, en nuestro medio al menos, es sensible la diferencia semántica existente entre los términos "alcahuete" y "proxeneta". La diferencia de matiz, parece, estriba fundamentalmente en el carácter "profesional" de una de estas actividades, que recibe retribución en cada uno de los intercambios transaccionales. En tanto que la labor del alcahuete se nos aparece con un contenido más informal y, acaso, más bien relacionado con una afición que no involucra necesariamente la presencia de pericia o competencia técnica. Con todo, el significado del pasaje creemos que resulta claro —mucho más teniendo en cuenta determinadas expresiones que se presentan en el mismo diálogo más adelante— y, según nuestra opinión, este contenido sería más fácilmente transmitido por el término "proxeneta", debido fundamentalmente a la carencia de una asociación natural directa entre el ser alcahuete y el ocuparse de prostituir a otro de modo profesional.

40

sabía conducir y despertar las potencias latentes en el espíritu, para desarrollar y elevar el alma de sus amigos.[3] El sabio era, pues, un clarividente adivino de facultades ocultas, un catalizador de las mejores virtualidades al mismo tiempo que un ejemplo vivo de la nobleza que es capaz de alcanzar, mediante el esfuerzo constante, la voluntad misteriosa del ser humano.

El ejemplo socrático, por lo demás, puede volver a hallarse, al modo de reverberaciones, efectivamente operante a lo largo de la historia. Con cierta atención, se puede notar cómo el *espíritu* de Sócrates aparece una y otra vez, a lo largo y ancho de todas las geografías y atravesando las distintas edades, diversamente ataviado —a veces tan-

---

[3] Esta interpretación se encuentra confirmada por un episodio narrado en el *Banquete* de Jenofonte. Allí, luego de que Sócrates habla de los beneficios —tanto para el amante como para el amado— que acompañan al formato de amor más elevado, si se lo compara con el vulgar, tiene lugar un intercambio —por demás esclarecedor— con respecto a la cuestión que nos ocupa: "mientras los otros discutían sobre lo que acababa de decirse, Autólico estaba contemplando a Calias [Calias, en el mismo diálogo, se declara locamente enamorado de Autólico, joven atleta vencedor en una competencia de pancracio]. Y éste, mirando de reojo a Autólico, le dijo a Sócrates: 'Entonces, Sócrates, ¿me vas a prostituir ante la ciudad, para que me dedique a los asuntos públicos y no deje nunca de ser de su agrado?'. 'Sí, ¡por Zeus!', respondió Sócrates, 'a condición de que vean que no sólo en apariencia sino de veras te ocupas de la virtud. Porque una reputación falsa pronto queda desenmascarada por la experiencia; en cambio, el verdadero valor, a menos que un dios se interponga, aumenta el brillo de la fama con cada uno de sus actos'" (p. 356, corchetes nuestros).

to que, a quien no lo conoce bien de cerca y se lo encuentra, le pasa desapercibido y se imagina que se trata de algún otro–, aunque siendo esencialmente semejante a él mismo.

Existe, así, una identidad estructural expresada en una multiplicidad de coyunturas diversas. Los mismos tipos humanos repiten, una y otra vez, una serie de actos que ya han tenido lugar en ocasiones diversas.[4] Se habrá de notar, finalmente, algo que es ciertamente trágico, y es que parece existir en la especie humana algo así como una atracción criminal por la irracionalidad, que se apodera con facilidad de determinadas estructuras psíquicas, renovando periódicamente una antigua historia forjada de ignorancia, sangre e ignominia.

Todo ello puede parecer demasiado pesimista, extraño y, acaso, poco comprensible para el lector de nuestra época. Le rogamos paciencia. En lo que resta de esta sección le dejaremos, en gran parte, la tarea de explicarnos a un pequeño capítulo de un exiguo libro antiguo. Hablamos de la *Flos sophorum* ("Flor de los sabios") de Xenius –que era el pseudónimo del escritor catalán Eugenio D'ors–. La *Flos sophorum* tiene la pretensión de ser un anecdotario de las vidas ejemplares, de la vida íntima y personal, de los sabios, que no suelen ser consi-

---

[4] Según Marco Aurelio, "quien ha visto el presente, todo lo ha visto: a saber, cuántas cosas han surgido desde la eternidad y cuántas cosas permanecerán hasta el infinito. Pues todo tiene un mismo origen y un mismo aspecto" (*Meditaciones*, VI 37, traducción de Ramón Bach Pellicer, Madrid, Gredos, 2017, p. 122).

deradas por los libros de texto. El capítulo, la anécdota, que nos interesa rescatar es el número XXX y se titula "Lavoisier es condenado a muerte". El suceso narrado aconteció en 1794, en la Francia revolucionaria. Según las periodizaciones historiográficas, ingresamos ya en época contemporánea. Pero dejemos aquí a Xenius que nos explique de qué se trata:

Uno de sus empleados antiguos denunciólo al Tribunal revolucionario. Lavoisier era liberal. La asamblea provincial de Orléan había elegido para miembro suyo al químico. Él trabajó allí por la abolición de las prestaciones personales, por la libertad de comercio, por la creación de una caja de seguros contra la vejez y la miseria. Todo esto hubiera podido salvarle: la superioridad de su espíritu lo perdió. ¿Qué involuntario pliegue de boca, qué furtivo, fugacísimo resplandor en los ojos vendió ante los idiotas ensoberbecidos que le juzgaban el íntimo desprecio que el sabio por ellos sentía? Una vez más la muerte de Sócrates se repitió. La envidia llevó a Lavoisier a juicio; la envidia le tenía que condenar. Las revoluciones gustan de regar con sangre la amarilla flor de la envidia. He aquí a Lavoisier, que es llevado a que le corten la cabeza.[5] Este hombre había

---

[5] "'*La République n'a pas besoin des savants*' (la República no necesita sabios), dijo el ciudadano Coffinhal, presidente del Tribunal Revolucionario de París. 'Que la justicia siga su curso'" (Desiderio Papp, "Lavoisier y el nacimiento de la química moderna", *Enciclopedia Universitas*, Vol. 5, España, Salvat, 1979, p. 145). Este artículo contenido en la Enciclopedia es accesible y resulta, al mismo tiempo, técnico y bien expuesto. El artículo profundiza en las motivaciones de la condena a muerte de Lavoisier, muerto con tan sólo 51 años, cuando tanto cabía aún esperar de su genio; "su crimen era 'haber pertenecido a la corporación

arrebatado, con pacientes esfuerzos llenos de luz, algunos de sus secretos a la Naturaleza. Había realizado una revolución química, descubriendo el estado gaseoso de otros cuerpos en el aire, considerado entonces como cuerpo simple; fijando el aire por la calcinación del estaño y por la combustión del azufre y del fósforo, con lo que se condenaba la falsa teoría de la llamada *flogística* o substancia del fuego; encontrando la composición del aire en oxígeno y ázoe[6] explicando, pues, satisfactoriamente la combustión, y, a la vez, la formación de los óxidos y de los ácidos; dando, por fin, como magnífico coronamiento de su obra, la teoría de la combustión animal. Este hombre, pues, es llevado en un carro, a la guillotina, con veintisiete condenados más. Va como un estoico. Es él quien ha apartado la idea del suicidio de la mente de sus compañeros de desgracia.[7]

Rogamos al lector la máxima atención a lo que sigue, ya que allí se transparenta, en medio de la condena, la reconciliación del hombre con la vida. Al químico contemporáneo, antes de la muerte, le había sido dado alcanzar la misma sabiduría vital que había representado el ideal supremo en la Antigüedad. El día anterior a ejecutarse la conde-

---

económicamente privilegiada de los Arrendatarios de Impuestos'" (Papp, *loc. cit.*).

[6] Según el artículo de Papp mencionado en la nota precedente, el *ázoe* (o la mofeta) no es otra cosa que nuestro nitrógeno (cf. Papp, "Lavoisier y el nacimiento de la química moderna", p. 150). Para un estudio más desarrollado acerca de los descubrimientos de Lavoisier, en el marco de la historia de la química, remitimos al lector al libro *Crisoles. Historia de los grandes químicos* escrito por Bernard Jaffe.

[7] *Flos Sophorum*, Barcelona, Seix y Barral Editores, 1943, pp. 75-76.

na, nos dice D'ors, Lavoisier pudo escribirle a su primo Augez de Villers:

Adiós. He tenido sobre la tierra una carrera bastante larga, muy dichosa, sobre todo, y creo que mi recuerdo será acompañado de algún sentimiento y, acaso, de alguna gloria. ¿A qué más se puede aspirar? Los acontecimientos de que me encuentro rodeado, me ahorrarán seguramente los inconvenientes de la vejez.[8] Moriré de una vez, y ésta es aún, una ventaja que puedo añadir a las muchas de que he disfrutado. Si ahora siento algo, es el no haber podido hacer más por mi familia: el ser tan pobre que no puedo darle a ella, que no puedo daros, ningún testimonio de mi fidelidad y reconocimiento… Le escribo hoy, porque acaso mañana no pueda ya hacerlo, y porque me es un dulce consuelo ocuparme en usted y en las personas que me son amadas en estos últimos instantes. No olvide usted de de-

---

[8] Esta razón es la misma que había expresado anteriormente Sócrates como una de las que, según Jenofonte, le hacían lamentar menos —y, en cierto modo, agradecer— la condena por la que moriría. Así, nos cuenta que "seguía diciendo Sócrates: 'Y aun puede ocurrir que la divinidad en su benevolencia me esté proporcionando incluso no sólo el momento más oportuno de mi edad para morir, sino también la ocasión de morir de la manera más fácil. En efecto, si ahora me condenan, es evidente que podré utilizar el tipo de muerte considerado el más sencillo por quienes se ocupan del tema, y el menos engorroso para mis amigos, al tiempo que infunde la mayor añoranza hacia los muertos, pues el que no deja ningún recuerdo vergonzoso o penoso en el ánimo de los presentes, sino que se extingue con el cuerpo sano y con un alma capaz de mostrar afecto, ¿cómo no va a ser a la fuerza digno de añoranza? Con razón los dioses se oponían entonces a la preparación de mi discurso de defensa, cuando nosotros creíamos que había que buscar escapatorias por todos los medios'" ("Apología de Sócrates" en *Recuerdos de Sócrates y Diálogos, op. cit.*, pp. 370-371).

cir a los que por mí se interesen, que esta carta va para todos, porque es seguramente la última que pueda escribir...[9]

Luego de este breve extracto testamentario, Xenius describe la ejecución de la condena de Lavoisier:

Llegado el instante, dio comienzo a la ejecución. Dos cabezas rodaron en la cesta trágica. El tercer ejecutado fue Paulze, suegro y amigo de Lavoisier. Éste vió su muerte. En seguida fue él quien tendió el cuello desnudo bajo la cuchilla que descendía... He aquí cómo fue comentado este paso por el matemático Lagrange: "Un minuto bastó para hacer caer aquella cabeza: cien años no bastarán tal vez para producir otra semejante".[10]

---

[9] Xenius, *Flos Sophorum*, pp. 76-77.
[10] *Flos Sophorum*, p. 77.

EL ALMA DEL GUERRERO

S i tiene alma de guerrero debería caer a vuestros pies lleno de gratitud,[1]

le había dicho el oficial del Estado Mayor francés, De Castel, a la gran dama en su mansión parisina. El autor del relato, Joseph Conrad, a través del narrador —un viejo oficial de caballería ruso, veterano de las guerras contra Napoleón—, aclara que en los antiguos tiempos los soldados utilizaban ese tipo de expresiones. La aclaración es importante. La expresión había dejado de utilizarse. Los giros lingüísticos, así como las palabras, no se acuñan ni circulan entre los hablantes para aludir a casos únicos o extraordinariamente escasos. La pérdida de la forma expresiva suponía la desaparición (o bien el debilitamiento significativo) de una realidad, la extinción —como si de una especie zoológica se tratara— de un tipo humano presente, de un modo palpable, en otra época. Un aspecto del mundo de otrora se había esfumado. Y los hombres del presente escucharían las palabras —la cáscara puramen-

---

[1] Joseph Conrad, *El alma del guerrero*, traducción de Enrique Murillo, Buenos Aires, Alianza, Biblioteca Página 12, s.f., p. 16.

te periférica–, mas no comprenderían el significado interior que les otorgaba consistencia.

No comprendió tampoco dicho significado Tomassov, el joven oficial ruso al que aludían las expresiones de De Castel. El joven contemplaba la escena con una mezcla de admiración y extrañeza. En efecto, no podía sino admirar la belleza y la delicadeza exquisita de la gran dama de la que se había enamorado. Tomassov, el noble Tomassov, adorador de la belleza y devoto sincero del ideal, no pudo sentir celos ante la aparición inesperada del oficial del Estado Mayor francés. Era este un magnífico ejemplar de nuestra especie, un hombre de mundo, de apostura impecable y modales exquisitos. En las naturalezas nobles y tiernas, la superioridad, lejos de despertar resentimiento, produce una admiración y un deseo de emulación auténticos. Sin duda, este sentimiento había triunfado en el ánimo del joven, que contemplaba deslumbrado cómo esos dos seres admirables intercambiaban entre sí un mensaje cuyo contenido se le hacía aún indescifrable.

El joven oficial ruso había llegado hacía poco a la capital parisina como agregado de la embajada de su país. Desde las profundidades vastísimas del imperio del Zar hacia la capital cultural del mundo, el tránsito había sido acelerado y brusco, tanto como los sucesos que pronto trastornarían al mundo. Entre tanto, sus ocupaciones oficiales en la capital del imperio de Napoleón eran escasas. Su ingenua figura sorprendente, donde se aunaban la belleza, la juventud, la inteligencia, la ignorancia del mundo y la inocencia, le abrió las puertas de la vida social parisina, donde los hombres de mundo lo contemplaban con la misma curiosidad que produce la vista de un animal exótico y fuera de su ambiente. Allí, en uno de los salones más importantes, fue donde Tomassov conoció a la gran dama de la que locamente se enamoraría. Su recuerdo lo seguiría aun más adelante, en la campaña. Entre tanto, él logró introducirse en su círculo y había conseguido el favor de poder visitarla fuera de sus reuniones habituales. El amor hacia ella se profundizó hasta convertirse, para él, en algo así como una religión a la que se hallaba ligado por una devoción especial. Una religión elevada, que no soportara el contacto con lo real y que se hallaba dispuesta a realizar todos los sacrificios necesarios para preservar puro el ideal.

Una lúgubre tarde de llovizna fría, el ruso se encontró en la casa de la dama elegida. Allí apareció el oficial del Estado Mayor francés, y se le hizo evidente a Tomassov que entre seres tan excelsos existía un vínculo profundo y secreto. Naturalezas tan nobles no podrían dejar de atraerse y de estar predestinadas. El joven se sintió embargado por una admiración genuina hacia ambos. En tanto contemplaba el rostro y saboreaba las expresiones —las últimas que escucharía— de la dama a la que amaba, De Castel había salido. Mas enseguida regresaría.

Sin apartar los ojos del azarado Tomassov, la dama dijo con una gravedad soñadora completamente desacostumbrada en ella:

—Me gustaría comprobar que vuestra generosidad puede ser absoluta, impecable. El amor supremo debería ser origen de todas las perfecciones.

Tomassov, admirado, abrió los ojos de par en par al oírlo, como si de los labios de la dama hubiesen brotado auténticas perlas. Pero aquel sentimiento no había sido expresado pensando en el primitivo joven ruso, sino en el exquisitamente maduro hombre de mundo, De Castel.

Tomassov no pudo ver el efecto que producía porque el oficial francés bajó la cabeza y se quedó sentado contemplando sus botas admirablemente lustrosas. La dama susurró comprensiva.

—¿Tenéis escrúpulos?

De Castel, sin levantar la vista, murmuró:

—Podría convertirse en una magnífica cuestión de honor.

—Eso es muy artificial, sin duda. Yo estoy a favor de los sentimientos naturales. No creo en otra cosa. Pero quizá vuestra conciencia…

—En absoluto –la interrumpió él–. No tengo una conciencia infantil. El destino de esas personas no tiene importancia militar para nosotros. ¿Qué puede importar? La fortuna de Francia es invencible.[2]

La dama asintió, como si hubieran arribado a una especie de acuerdo tácito. Entonces el oficial del Estado Mayor francés formuló esas palabras que Tomassov no comprendía: "Si tiene alma de guerrero, debería caer a vuestros pies lleno de gratitud". Tomassov entendió que la velada había ter-

---

[2] Conrad, *El alma del guerrero*, p. 16.

minado y que se esperaba que saliera. Luego de saludar a la dama, y hallándose ya fuera de su casa, comprendió también que debía esperar. Se le había dado a entender, y no era capaz de referir cómo, que debía parlamentar con el maduro y admirado oficial. Lo esperó unos instantes en la puerta, debajo de la lluvia que caía débil pero de forma continua. De Castel no tardó en llegar. Allí éste le comunicó que era inconveniente que los vieran juntos. Tomassov, el ocioso agregado de la Embajada, no lo comprendió. De Castel, que contaba con acceso a información confidencial, le comunicó del arresto de unos individuos vinculados a la embajada rusa. Se había tratado de una maniobra de espionaje, se habían filtrado documentos sensibles y confidenciales. El embajador ruso, sin duda, no había permanecido tan ocioso como su joven e ingenuo agregado. Había logrado hacerse de información clave, y la paz precaria entre ambos imperios se rompería. De Castel también le comunicó que tanto el embajador como él serían retenidos; las hostilidades comenzarían y ellos quedarían prisioneros en un país enemigo.

La admiración sobrepujó el ánimo de Tomassov. Para él, lleno de agradecimiento, el magnífico hombre de mundo y la dama quedarían vinculados para siempre a encarnaciones palpables de una manifestación superior. Es así como, "para él, amor y amistad no eran sino dos aspectos de la más exaltada perfección"[3]. El joven ruso no en-

---

[3] Conrad, *El alma del guerrero*, p. 18.

contraba palabras para expresar sus sentimientos. Aunque él no lo comprendía, y no se hallara aún en condiciones de saberlo,

> tenía alma de guerrero. Y no hay perspectiva más desoladora para un hombre con un alma así que la de ser hecho prisionero en vísperas de una guerra; verse alejado de su país en peligro, de su familia militar, de su deber, de su honor y —bueno— también de la gloria.[4]

Prometió al francés que le pagaría ese favor. No obstante, este había ya desaparecido o, al menos, eso le había parecido al joven ruso. Tomassov, que de pronto se había encontrado solo, no perdería su tiempo. No volvería a ver a su dama; pero su recuerdo, entre tanto, lo seguiría. Pronto se fugó del país junto al embajador y nadie pudo imaginar la manera en la que los miembros de la delegación diplomática habían logrado acceder, de forma tan imprevista como afortunada, a la información a la que debían su libertad. Nadie nunca lo sabría.

Sea como fuere, las hostilidades no tardaron en desatarse. El gran ejército de Napoleón invadió los inmensos territorios de Rusia, penetró profundamente en las vastas regiones continentales y tomó Moscú. La resistencia arreciaba. El frío del invierno, la falta de suministros y el estallido infernal de la artillería pronto forzarían la retirada. La infantería acechaba y la caballería se infiltraba por los flancos. Del gran ejército francés sólo quedaban

---

[4] *Loc. cit.*

en pie uniformes y espectros que avanzaban lúgubremente en medio de una inmensa llanura fría.

Al cuerpo de caballería ruso pertenecía, precisamente, Tomassov; así como también el oficial que —ya de viejo— haría las veces de narrador del presente relato. Durante una jornada helada, mientras contemplaban tiritando la retirada del ejército napoleónico, recibieron la orden de embestir por los flancos. La caravana de hombres harapientos se extendía y junto a ella surgía, de las inmensidades heladas, algo así como un aullido siniestro. Allí los oficiales rusos guiaron a los caballos y aplastaron a unos cuantos hombres. Estos apenas se defendían. No atinaban a hacer otra cosa que tropezar y morir. Ante aquel espectáculo de consternación espectral, Tomassov envainó su espada y retrocedió. Esa carnicería inútil era terrorífica y no tenía nada de caballeresca; el oficial que guiaba las tropas —el narrador del relato— hizo otro tanto.

Pasaron las horas, el frío arreciaba, el viento aullaba y la nieve congelaba a los enemigos cruelmente enfrentados por un destino de cuyos designios no habían participado. A los soldados del ejército les había tocado solamente la tarea de agitarse, luchar vanamente y entregar su cuerpo a la mortaja ardiente de hielo y fuego. Tomassov es enviado en misión de reconocimiento. El oficial a cargo de la expedición contempla de lejos el perfil del ex agregado militar, que retorna enseguida junto a otra figura aun más opaca e indefinida.

Más adelante pudo observar cómo traía a un prisionero francés, terriblemente lesionado, que debía ayudarse en el ruso para avanzar y cuyo rostro se encontraba desfigurado por las heridas. Era un misterio impenetrable saber cómo ese prisionero lograba sostenerse aún, erguido sobre el abismo de la muerte que crecía a su lado y que, tanto a hombres como a animales, a ejércitos y ciudades, a todos y sin miramientos, con voracidad brutal, se iba engullendo y sepultando. El anhelo más preciado del francés era, por lo pronto, morir; y así se lo hizo saber a los oficiales enemigos. Ellos, en tanto se resistían, no podían igualmente dejar de ver con espanto esa escena desgarradora de nobleza deshecha, de esperanzas frustradas y de dolor indecible, que prorrumpía de tanto en tanto en aullidos agudos:

«Entonces –dijo él–, hacedlo. ¡Ahora! Inmediatamente, si vuestro corazón alberga un poco de piedad.»
[…] y me dijo que quería que le hiciese el favor de volarle los sesos. Como un soldado que hace un favor a otro soldado –dijo–. Como hombre sensible, como hombre humanitario.
El prisionero permanecía sentado entre nosotros dos […], con unos ojos espantosamente vivos, llenos de vitalidad, llenos de un fuego inextinguible, en un cuerpo horriblemente afligido […]. El prisionero le gruñó en francés:
—Os reconozco, ¿sabéis? […]. Os mostrasteis muy agradecido. Os ruego que paguéis vuestra deuda. Pagadla, os lo pido, con un disparo liberador. Sois un

hombre de honor. No tengo ni siquiera un sable roto. Todo mi ser se espanta ante mi propia degradación.[5]

Entonces Tomassov reconoció, en el fantasma desfigurado, al oficial del Estado Mayor De Castel. Así había quedado maltrecha la figura de ese admirable soldado al que, quizás con ingenuidad, había considerado su amigo. Su cuerpo era un espectro atravesado por heridas; su uniforme, coronado por el orgullo del imperio y mil victorias que debían quedar grabadas en la historia, un montón ensangrentado de jirones blanquecinos pintados por la nieve y humedecidos por el rojo de su sangre.

Los vagos deshechos de esa sombra lúgubre que albergaba la vida, que contra la voluntad de su dueño aún se resistía a abandonarle, fueron velados devotamente por los dos oficiales rusos. Estos pasaron la noche junto al francés que, entre gritos desgarradores arrancados por dolores terroríficos, no rogaba más que por la liberación de su mortal atadura de carne. Naturalezas menos profundas hubieran comprendido lo que Tomassov no quería entender. Y es que, en ese momento y en ese lugar, "la compasión no era más que una palabra vana ante un destino tan inexorable"[6]. El francés recogió energías, tanteando, en algún rincón perdido, algún abismo oculto donde aún ardiera en su cuerpo la llama palpitante de la vida y de la fuerza, y luego

---

[5] Conrad, *El alma del guerrero*, pp. 23-24.
[6] Conrad, *El alma del guerrero*, p. 25.

—Hizo una pausa que duró mucho tiempo y después, con la misma claridad, prosiguió—. Os doy mi palabra que toda mi fe ha muerto.

Su voz perdió de repente la serenidad. Tras esperar un poco añadió en un murmullo:

—Y todo mi valor… Os doy mi palabra.

Transcurrió otra larga pausa antes de que, con gran esfuerzo, susurrara con voz ronca:

—¿No basta esto para conmover a un corazón de piedra? ¿Voy a tener que ponerme de rodillas ante vos?[7]

El ejército ruso debía avanzar. Tomassov permaneció unos instantes más con su prisionero. Allí pensó, quizás nuevamente, lo mismo que, en aquella jornada ya pasada en la capital del imperio francés, no había sido capaz de comprender. Recordó el rostro de la mujer amada y caviló, quizás por vez primera de manera concentradamente profunda, en "el alma del guerrero" y en lo que esta, allí, en ese preciso lugar, le exigía de manera tan rotunda como siniestra. El oficial del Estado Mayor francés, o lo que quedaba de él, pedía, rogaba, una vez más, por el fin de guerrero que le correspondía a una vida dedicada al honor y entregada al servicio de la patria, tal como había sido la suya. El alma humanitaria y tristemente conmovida del ruso debería hacer también el sacrificio.

El ejército del Zar avanzaba y ambos hombres se habían quedado solos. El narrador refiere haber escuchado una ligera explosión o un chasquido, y nos cuenta qué fue lo que vio al regresar junto a su amigo:

---

[7] Conrad, *El alma del guerrero*, pp. 25-26.

Sí. Lo había hecho. ¿Y qué fue lo que hizo? Un alma de guerrero había pagado con creces la deuda que contrajo con otra alma de guerrero, liberándola de un destino peor que la muerte: la pérdida de toda fe y todo valor. Podéis entenderlo de ese modo. Yo no estoy muy seguro. Y quizá tampoco lo estuviera el pobre Tomassov. Pero fui el primero que se acercó a ese horrible grupo oscuro en medio de la nieve: el francés, rígido y tendido boca arriba; Tomassov, con una rodilla en tierra, más cerca de los pies que de la cabeza del francés. Se había quitado el gorro y su cabello brillaba como el oro entre los copos de la ligera nevada que había empezado a caer.

Estaba agachado sobre el muerto en actitud tiernamente contemplativa. Y su rostro joven e ingenuo, con los párpados entrecerrados, no expresaba pesar, severidad ni horror, sino que se había fijado en el reposo de una profunda, por perpetua y perpetuamente silenciosa, meditación.[8]

---

[8] Conrad, *El alma del guerrero*, p. 26.

LA PIEDAD HOMICIDA

Un juez de provincia nos ha hecho el honor de consultarnos acerca de un caso médico legal interesante, "convencido –dice– que las leyes no pueden prever estos problemas de compleja psicología criminal, que serían resueltos erróneamente si quisiera aplicarse la letra de los códigos".[1]

La consulta recibida por el médico, psiquiatra y criminalista José Ingenieros[2] bien podría haber contenido el caso de Tomassov, el oficial de caballería. Mas Joseph Conrad nos refiere expresamente que nuestro personaje no sufrió consecuencias judiciales ni se le abrió tampoco ningún sumario administrativo por sus desempeños en campaña. No obstante, circuló, entre los más abyectos de los elementos que componían la milicia, una suerte de leyenda negra que refería oscuramente a un crimen fríamente perpetrado por el soldado humanitarista. Finalizada la guerra, asediado por infa-

---

[1] José Ingenieros, "La piedad homicida" en *La psicopatología en el arte*, Buenos Aires, Elmer, 1957, p. 89.

[2] En torno a cuyo pensamiento versó mi Tesis de Licenciatura, intitulada *La constante evolutiva. Continuidades y rupturas en el pensamiento de José Ingenieros*. La cual cuenta con una primera edición ya publicada, y una nueva de próxima aparición.

mias y laceraciones espirituales, el guerrero retorna a su pueblo en una suerte de exilio, resguardado en los fondos de las soledades frías y colosales del imperio de Rusia.

La consulta recibida por José Ingenieros ha sido consignada en un admirable artículo llamado "La piedad homicida", publicado en Buenos Aires en la revista del Círculo Médico Argentino y el Centro de Estudiantes de Medicina, en su N° 118, aparecido en 1911. El artículo tiene, pues, más de un siglo. Mas, no obstante el tiempo transcurrido, bien podría haber sido escrito ayer; hasta tal punto su interés es significativo y su actualidad patente.

> El hecho, en efecto, no es de los que la ley puede prever en sus fórmulas aprioristas: se trata de un caso de homicidio *a pedido* de la víctima, para ser *despenada* de una enfermedad incurable y avanzada.[3]

La ley establece normas generales y es corriente, de esta suerte, que se legisle pensando en casos típicos. Es por ello que muchas veces la realidad efectiva nos ofrece sucesos concretos que es difícil atrapar con las mallas más toscas y gruesas del Código legal. Sin embargo, esos casos, con esos individuos también únicos, están ahí y exigen ser comprendidos con sus caracteres atípicos, extraños y aun irrepetibles. Hacer algo distinto sería cometer una injusticia, actuar de otra manera sería forzar los hechos y violentarlos. Por ello, la letra muerta de la ley exige ser enriquecida, a veces,

---

[3] Ingenieros, "La piedad homicida", p. 89.

por la consulta con un espíritu comprensivo y el concurso de una inteligencia imparcial, cultivada y lúcida.

El caso actual de verdadera "piedad homicida", es sencillo. Un hombre de 40 años, tuberculoso pulmonar y con lesiones laringo-esofágicas que le impiden tomar alimentos, comienza a verse morir de hambre. Durante dos años ha recorrido muchos hospitales urbanos, vendiendo más tarde un campito para entregar su producto a curanderas y manos-santas. Reducido a la mayor miseria, descorazonado, sin recursos para permanecer en la ciudad, regresa a su pueblo de campaña, donde un viejo amigo de infancia le hospeda caritativamente en su rancho pobrísimo [...].

En tal situación, pide a su buen amigo, a su "hermano" de toda la vida, que lo despene. El otro se resiste, intenta alentarlo, le dice que tal vez pueda sanar. Después de pocos días el enfermo renueva su pedido, con igual resultado. La tercera vez se realizó el hecho, que el acusado refiere en la forma siguiente:

A las 8 p.m. el enfermo lo llamó por señas, y con gemidos, pues desde tiempo atrás tenía gran dificultad para hablar; se le echó al cuello, llorando y gimiendo, en forma tan desesperada que él también rompió a llorar, hondamente conmovido. En ese momento el enfermo cayó de espaldas, sofocado por un horrible acceso de tos, en que parecía volcar los pulmones por la boca; y mirando fijamente a su "hermano" como implorándolo, tomó su mano derecha con las dos propias y la llevó hasta su cuello, invitándole a apretar con muecas desesperadas.

El amigo no recuerda más. Dice que estaba llorando, con el corazón partido de pena; apretó un momento, dando vuelta la cara para no ver y el infeliz quedó en seguida tranquilo, como si le estuviesen haciendo un gran bien...

Una escena de tragedia.[4]

En el marco de las costumbres que, de acuerdo a Ingenieros, en su época se encontraban ya en trance de desaparición, este caso reviste un interés sustantivo. Era común en la campaña, debido a la carencia de medios de transporte eficientes, las distancias enormes y las pésimas condiciones sanitarias, la práctica de "despenar", esto es, asistir al individuo aquejado de un mal incurable ayudándolo a abreviar sus sufrimientos. Se trata de una asistencia especial y activa a la muerte de un individuo, ante cuyo futuro no se encuentra más que una historia de desmejora y agonía. El acto humanitario se consuma eliminando todo sufrimiento gratuito. Quien despenaba era un amigo de la víctima y un benefactor de la familia. En este contexto, la sanción social va dirigida ante el paisano y amigo que se niega a hacer a la víctima ese favor que abreviará en algo el sufrimiento anexo a un fin ya de por sí irreparable y doloroso.

El caso presente llegó, no obstante, a consideración de la administración judicial. El paisano, al siguiente día de consumado el hecho luctuoso, se encuentra en el campo con un colono. Le cuenta lo que entre paisanos era natural: su amigo recientemente fallecido había sido despenado. El colono, criado en un medio tal que lo inducía a considerar esta práctica como inaceptable, careciendo de recursos intelectuales como para juzgar por sí

---

[4] Ingenieros, "La piedad homicida", pp. 90-91.

mismo y temiendo ser considerado cómplice por guardar silencio, denuncia el hecho ante las autoridades judiciales. El caso trágico particular nos revela, de este modo, un conflicto profundo entre las prácticas culturales que en esa época coexistían y se amalgamaban y, a su vez, entre algunas de estas modalidades de convivencia y las inscriptas en la letra fría del Código.

Ingenieros encuentra que el paisano actuó bajo la presencia de tres circunstancias atenuantes como lo son la *costumbre*, la *petición reiterada* y el *consentimiento*. Es este un caso típico de piedad homicida.

Lo único original del hecho, considerado como caso de psicología criminal, es que se haya realizado por estrangulación y en un enfermo crónico. El hábito de despenar ha sido común en nuestra antigua población rural, pero siempre aplicado a casos de heridas o accidentes graves; rara vez por enfermedad crónica. Por otra parte, se ha despenado siempre usando arma blanca; jamás se ha empleado la estrangulación manual.[5]

Estas últimas consideraciones quizás revistan mayor importancia para los estudios criminalísticos. Sin duda pueden servir, en algunas circunstancias, para orientar una investigación criminal; pero, en todo caso, la modalidad concreta con que es llevado el hecho a cabo, para este estudio, no deja de ser algo claramente anecdótico. Aquí conviene ser tenido en cuenta el estado emocional del amigo, el "hermano", de la víctima que implo-

---

raba tan patéticamente por el fin de sus dolores; conviene tener en cuenta cómo quien despena, con el espíritu desgarrado de dolor, se acerca con impotencia ante el lecho del doliente caído en desventura. Un examen más riguroso y humano nos revelaría que el acusado es también una víctima de circunstancias fatales y que sus actos no dejan de revestir cierta belleza en medio de los tonos purpúreos y patéticos que los asedian.

> Por poco que se reflexione sobre la psicología de los que *despenan*, se impone la conclusión de que no son verdaderos "homicidas", sino "cooperadores de un suicidio", por cuanto se limitan a satisfacer el pedido de sujetos que desean suicidarse y no pueden realizarlo por sí mismos [...].
> Estudiando el homicidio suicidio, Ferri intentó señalar normas que permiten distinguir los casos en que es delito o no lo es. Si el que instiga o coopera al suicidio de otro lo hace con fines piadosos y altruistas, no puede en rigor, considerársele como delincuente. En cambio, lo es, a todas luces, el que instiga o coopera a un suicidio animado por móviles deshonestos o antisociales.[6]

En la concepción criminológica de Ingenieros, los criminales deben ser clasificados no por la tipificación legal de su acción, sino por la estructura psicopatológica de acuerdo a la cual el delincuente haya motorizado su crimen.[7] Esta nos

---

[6] Ingenieros, "La piedad homicida", p. 95.

[7] En relación a este tema remitimos al lector interesado a consultar el artículo "Criminología y determinación patológica", escrito en coautoría con la Prof. Paula V. Tarancón, y publicado en *Avatares filosóficos*, N° 3, 2016, pp. 248-259; revista del De-

otorga un índice científico de la peligrosidad efectiva de su organización psicobiológica. En función de ello se establecerán las medidas judiciales y profilácticas correspondientes. No obstante, dejando de lado estos aspectos que, interesantes o no, hacen a la concepción criminológica del pensador argentino, no deja de ser claro que el paisano que ayuda a su amigo a morir no reviste mayor peligrosidad social.

Ingenieros cree necesario, por lo tanto, establecer una distinción entre lo moral y lo legal, por un lado; y, dentro de lo legal, realizar una discriminación de los casos donde existen los elementos atenuantes —y acaso eximentes— de la aceptación consuetudinaria, el consentimiento y la petición reiterada. La necesidad —y utilidad— de tales distinciones es ilustrada con determinados ejemplos: un marido devoto, locamente enamorado de su mujer, que la envenena para abreviar una agonía que los profesionales médicos han reconocido como término inevitable, fatal y doloroso de una enfermedad crónica; un matricidio, seguido de un intento de suicidio, cometido por parte de un sujeto mentalmente perturbado; y un caso de suicidio inducido perpetrado por un perverso moral.

Este último se trata de un proxeneta seductor que vivía de un grupo de jóvenes mujeres a las que regenteaba. Habiendo seducido a una víctima, la

partamento de Filosofía de la Facultad de Filosofía y Letras de la Universidad de Buenos Aires.

indujo gradualmente, mediante violencias y amenazas, a formar parte de su negocio de explotación sexual. No pudiendo acomodarse la víctima a este régimen de vida, se la incitó a dar término a una existencia inútil de manera reiterada y, para el caso, finalmente se la dejó sola en una habitación con un arma de fuego dispuesta ostensivamente encima de la mesa. Este criminal, un sujeto con caracteres antisociales claramente marcados, en virtud de la estructura psicopatológica que presenta, merece ser excluido perpetuamente de la vida en sociedad. En el caso del matricidio existe, al menos —nos dice Ingenieros—, un motivo altruista, aunque interpretado de un modo retorcido por parte de un sujeto alienado. Mas en el caso anterior es claro que se trata de un acto motivado por el interés y llevado a cabo con la mayor perversidad; según la letra del Código, sin embargo, se entiende que aquella persona no es un asesino, sino un simple instigador al suicidio.

> Es necesario observar este reverso de la medalla para que el caso del criollo que despena a su querido amigo, librándolo de una espantosa agonía, se nos presente en toda su ingenua inocencia, en cierto modo heroica. Se puede "despenar" sin tener sentimientos antisociales; y es posible ser infame asesino sin cometer por mano propia un asesinato.[8]

Ingenieros insiste sobre estos criterios y entiende que no solamente son valiosos en el medio

---

[8] Ingenieros, "La piedad homicida", p. 96.

legal o jurídico, sino que su existencia también permite explicar muchas de nuestras valoraciones morales en lo relativo a casos concretos que puedan presentarse. Exceptuando el último caso de la instigación al suicidio perpetrada por un perverso moral, Ingenieros señala que

> La intensión es piadosa, en todos los casos, sin embargo nuestros sentimientos concuerdan con la ley al reprobar más esos hechos cuando en ellos falta la justificación de la costumbre, el pedido y el consentimiento.
> La palabra "despenar" dice, por sí misma, que la acción tiende a librar de una pena a la víctima. Librar de una pena es un acto de caridad, concebido como una buena acción en ciertos países y clases sociales; no despenar a un sufriente se mira como simple manifestación de pusilanimidad o cobardía [...]. Es piedad, honda piedad, la que nos impulsa a disparar este tiro contra el pobre animal, cuya suerte nos aflige, piedad análoga a la del gaucho que despena a su amigo agonizante.[9]

Es así como, mirada bajo cierto respecto, una conducta ilegal puede ser valorada como moralmente valiosa. En las contradicciones existentes entre la ley positiva y los imperativos de la conciencia moral se fundan muchos de los conflictos personales, y —por qué no decirlo— también han proporcionado los argumentos a algunas de las mejores tragedias legadas a nuestra época por la Antigüedad grecolatina.[10] En la distinción entre

---

[9] "La piedad homicida", p. 97.
[10] Algunas de estas tragedias son reales y otras literarias. En relación a estas últimas, nos hemos ocupado del caso de Edipo

una dimensión genérica legal y otra de carácter humanitario y personal podríamos hallar aun otro elemento nada desdeñable. Entre la máxima generalidad de la norma y la concreción perfecta de la realidad en la individualidad se interpone el aspecto genérico que traza el individuo en virtud de su propia decisión personal. Nos referimos aquí a la profesión, que trae implicadas sus propias obligaciones, sus imperativos y, muchas veces, también sus juramentos anexos.

Estos tres elementos se encuentran imbricados en el siguiente caso, consignado en el mismo artículo por el propio Ingenieros. Se trata de un caso de piedad homicida llevado a cabo por un enfermero del Hospital San Roque y comunicado al autor por el Dr. José María Ramos Mejía. Era este enfermero un individuo compasivo y un profesional ejemplar que se desempañaba en la sala quinta, destinada a clínica neurológica, de dicho Hospital; muy querido por los pacientes, a los que atendía con devoción casi religiosa. El mismo Ramos Mejía nunca puso en duda la intención humanitaria del enfermero y confiesa que por ello jamás

---

en el capítulo titulado "La esfinge tebana" en *Humanismo y despersonalización* (libro de próxima aparición). El ejemplo típico de conflicto entre la ley positiva y la ley sancionada por la divinidad puede encontrarse en el caso de la hija de Edipo, Antígona, quien, cumpliendo con los antiguos y tradicionales ritos religiosos entonces vigentes, atiende al deber de enterrar a su hermano, pese a que el titular del poder político de la ciudad había dispuesto que debía de permanecer insepulto, como ejemplo para sus conciudadanos.

se había atrevido a cuestionarlo, ni aun siquiera a hablarle del caso.

En lo que se refiere a las circunstancias que demarcan la situación del paciente junto a la consiguiente acción del profesional, dejaremos que sea el propio José Ingenieros el que nos las describa con la pluma ejemplar y la precisión conceptual que lo distinguen:

Un enfermo de parálisis bulbar progresiva había ocupado durante varios años una cama en la sala, asistiendo con toda lucidez a la evolución de su enfermedad; sabía ya perfectamente la clase de muerte que le esperaba y había pedido cien veces al enfermero que al llegar su hora le librase de una agonía terrible. El caso previsto llegó, más dramático de lo que el mismo enfermero había supuesto; las funciones más vitales habían perdido su ritmo y el desgraciado agonizó durante varios días, paralizado en su lecho, sin poder hablar, ni comer, ni dormir. Todos los enfermos de la sala estaban estremecidos de terror; la misma hermana de caridad no osaba aproximarse, aterrada por el cuadro. En esas circunstancias el enfermero tomó del botiquín un frasco de jarabe de cloral y a ojo de buen cubero vertió una cantidad en un vaso de agua; se acercó al enfermo agonizante, que no podía beber y le volcó en la boca el jarabe, con lentitud. Pocos minutos después el enfermo se durmió. Definitivamente.[11]

Sin ser capaces de profundizar en esta cuestión, queremos solamente consignar que los conflictos suscitados por este último aspecto, la di-

---

[11] "La piedad homicida", p. 92.

mensión profesional de la personalidad, plantean una mayor complejidad problemática a la reflexión ética que las usualmente planteadas por las leyes positivas. El hombre, claramente, no está obligado *moralmente* a someterse a leyes promulgadas en forma remota —y acaso oscura—, cuya obediencia, en una dada situación particular, puede aparecer en forma manifiesta como nociva o injusta. Pero es más problemático, en forma palmaria, si debe obedecer a ese otro "código" (escrito o no), que rige el ejercicio de una profesión a la que ingresó de forma voluntaria y que, por otro lado, también puede abandonar por decisión propia. Todos estos elementos se imbrican, de hecho, en toda decisión ética sobre casos particulares, generalmente delineados por un trazo mucho más esquivo y delicado que el que estampan las gruesas letras del Código positivo.

Esta última consideración, que atiende a la dimensión profesional de la personalidad, nos permite establecer, en la práctica aquí estudiada de despenar, otra nueva distinción. Existen, claramente, dos derechos distintos que podemos separar en nuestro análisis: el derecho que tenga el paciente en relación a su muerte, y el derecho de terceros (profesionales o no) a asistirlo en ese último acto. Al momento de abordar ambos puntos se entrecruzan consideraciones legales, profesionales y éticas que, desde su esfera, pueden servir de criterios para su valoración efectiva. Sin poder atender aquí a la real complejidad presentada por toda la cuestión, nos interesa hacer notar simplemente que la negación del derecho (legal o moral) de abreviar la propia vida parece implicar la prohibición (moral o legal), por parte de terceros, a asistir al paciente en su suicidio.

Finalicemos este capítulo tomando en consideración las conclusiones del propio Ingenieros al respecto:

> Se podrá discutir el "derecho a la muerte" en los suicidas, pero es evidente que su responsabilidad es intransferible; es inadmisible que el médico pueda convertirse en instrumento de suicidio ajeno [...].
>
> Con nuestra moral presente, estamos obligados a considerar como delito cualquier acto que abrevie la existencia de un enfermo, sea cual fuere su gravedad. No se puede invocar la piedad para "despenar" a un enfermo en un ambiente civilizado, aunque en un modo social primitivo, ese acto pueda ser justificado por la costumbre y por la petición reiterada de la víctima.[12]

---

[12] "La piedad homicida", p. 98.

LOS UMBRALES DE LA LIBERTAD

¿En qué consiste pasar la fiebre noblemente? En no hacer reproches a la divinidad, en no hacérselos al hombre, en no atormentarte por lo que sucede, en aceptar la muerte apaciblemente, en llevar a cabo lo ordenado; en no sentir miedo por lo que vaya a decir el médico, cuando venga, ni alegrarte en exceso si dice "estás bien", porque ¿qué te ha dicho de bueno? Cuando tenías salud, ¿qué bien suponía para ti? Y tampoco desanimarte si te dice que estás mal. Pues, ¿qué es el estar mal? Acercarse a la separación del alma y el cuerpo. ¿Qué hay de terrible? Si no te acercas ahora, ¿no te has de acercar más adelante? ¿Es que va a volverse el mundo del revés porque tú mueras? [...] pues no es tarea del filósofo el guardar lo exterior, ni el vinillo ni el aceitillo ni el cuerpecillo, sino ¿qué? El propio regente. Y lo de fuera, ¿cómo? Dedicarse a ello mientras no habrá ocasión para la cólera? ¿Dónde para el temor por lo ajeno, por lo que no vale nada? Estas dos cosas hay que tener a mano: que fuera del albedrío no hay nada ni bueno ni

> *malo y que no hay que adelantarse a los acontecimientos, sino seguirlos.*[1]
>
> Epicteto

Epicteto, nacido en Frigia, había sido esclavo de un liberto de Nerón, Epafrodito. Luego éste lo manumitió, le dio la libertad; no obstante lo cual, posteriormente, tuvo que sufrir el ser expulsado de Roma por un edicto promulgado contra los filósofos por el emperador Domiciano. Retirado de la capital imperial, puso una escuela en Licópolis donde enseñaba la doctrina estoica, que habla tan profundamente de la razón, la muerte y la libertad. Allí, al igual que en todo lugar, se lo pudo ver viviendo las mismas enseñanzas que profesaba hasta el día en que murió: esforzarse en racionalizar la existencia, seguir la naturaleza, vencer la fortuna.

Para el filósofo no había nada —ni fuerza, ni hombre, ni divinidad— con la fuerza capaz de sojuzgarlo. Había alcanzado, por el derecho que da la fortaleza, el raro privilegio de la libertad de espíritu y ahora pertenecía, con ella, a una nueva ciudadanía. Los integrantes de esta nación eran todos aquellos individuos sinceros y esforzados que habían mantenido férreamente asida su voluntad a la consecución del deber más elevado. Silenciosos benefactores de la humanidad doliente. No por

---

[1] *Disertaciones*, III X, traducción de Paloma Ortíz García, Madrid, Gredos, 2017, p. 227.

su militancia, por la adhesión de las masas o su potencial material o externo, sino solamente por su ejemplo, justificaban el linaje al que pertenecían con su sola presencia. Constituían aquella realidad a la que podía —y acaso debía— dirigirse la caravana de la humanidad, antes de que la sucesión de las generaciones se pierda entre el escombro y el reposo silencioso del olvido.

El filósofo estoico comprendía, quizás como nadie, que los convencionalismos sociales en realidad valen muy poco. Por ello, la condición económica o social no representa nada de valor para el individuo. Un hombre podía gobernar sobre millones y estar igualmente esclavizado.[2]

---

[2] Esclavo es el hombre que está sometido a alguna instancia ajena a la voluntad, cualquiera sea la realidad a la que este ser extraño se refiera. En la realidad, a diferencia de los esclavos de la época, estamos sujetos a más de un dueño:
"—¿Así que tenemos muchos amos?
—Efectivamente. Y es que tenemos a las cosas por dueños anteriores a éstos. Y las cosas son muchas. Por eso es necesario que los que tienen potestad sobre alguna de estas cosas sean amos. Porque, en efecto, nadie teme al propio César, sino la muerte, el destierro, la confiscación de bienes, la prisión, la deshonra. Ni nadie ama al César, a menos que sea de mucha valía, sino que amamos la riqueza, un tribunado, una pretura, un consulado. Cuando es eso lo que amamos y odiamos y tememos, por fuerza los que tienen poder sobre ello son nuestros amos. Por eso también los veneramos como a dioses, porque pensamos que 'lo que tiene poder sobre lo más beneficioso es divino'. Y luego suponemos erróneamente: 'este tiene poder en lo más beneficioso'. Por fuerza, lo que se deduzca de esas dos premisas resultará mal. ¿Qué es lo que hace al hombre libre de impedimentos e independiente? No lo hace la riqueza ni el consulado ni la realeza, sino que ha de hallarse alguna otra

Otro podía servir en tareas despreciables y ser un alma noble, en trance de liberarse.[3]

La clasificación social, el condicionamiento exterior, no son otra cosa que una ocasión para ejercitarse. El nervio de la virtud se encuentra en la voluntad: es sabio quien se decide a serlo. Se trata de una conversión esforzada hacia el ideal, ejercitada solamente por una aristocracia espiritual.[4] Es

---

razón. ¿Qué es lo que nos hace libres de impedimentos y trabas al escribir? El saber escribir. ¿Y qué al tocar la cítara? El saber tocar la cítara. Por tanto, también al vivir el saber vivir" (Epicteto, *Disertaciones*, IV I, pp. 248-249).

Aquí vemos cómo el conocimiento es uno con la virtud en la sabiduría. Y la influencia socrática continúa operante, ya que el que ejercita bien cualquier actividad es el que tiene el saber para ello y, según las reglas de ese conocimiento, es también capaz de ejecutarlo autorizadamente.

[3] La categoría intermedia entre el ignorante y el sabio no fue reconocida por todos los pensadores de esta escuela. No obstante, es patente claramente en Séneca, quien discrimina entre una diversidad de tipos humanos; y, entre ellos, será el aspirante sincero a la sabiduría quien recibirá el nombre de *proficiente*.

[4] Aunque desde una perspectiva crítica, esta postura (exteriormente contradictoria) es reconocida por el estudioso George Catlin en su *Historia de los filósofos políticos*: "Como los cínicos, y más tarde los puritanos, los estoicos eran a un tiempo igualitarios y aristócratas: grandes *snobs* espirituales, como lo demuestran los excesos del esclavo-filósofo Epicteto y la pedantería que desfigura las perspectivas prácticas de ese hombre admirable y digno —obligado a soportar la maldición de una mujer criminal— que fue el emperador Marco Aurelio. Esclavo y emperador, ambos rechazaban la distinción de clases por antifilosófica, por artificial y por convencional. Eran igualitarios sobre el plano *terrenal*. Equivalía a una blasfemia asegurar —y es importante señalar que el ataque va dirigido contra Aristóteles 'el de la cabeza vacía'— que no todos los hombres, aceptado que poseyeran voluntad para ello, podían ser virtuosos. La Salvación

así como el cortesano, el emperador o el esclavo pertenecen al mismo linaje y son miembros de la misma clase: la *nobleza real* de aquellos que abandonaron la esclavitud y se encomendaron completamente a la razón, la selección de todos los individuos que no pueden ser forzados por nadie; los hombres que consideran su patrimonio sólo aquello que depende de su albedrío y que modela el alma y la conduce de acuerdo con el designio del *guía interior* (el mismo genio socrático), incapaz de equivocarse o de fallar nunca.

El sabio será el único dichoso, el único que –una vez desgarradas las densas tinieblas de la ignorancia e inundada su vida de luz y claridad– es apto para mirar de cara a los dioses, como un igual. En efecto, es –como ellos– libre, y –como ellos– no abdicará nunca su voluntad ni tampoco podrá ser obligado a nada indigno.

---

estaba abierta para todos, por medio de la voluntad. Sin embargo, ambos estaban profundamente convencidos –lo que vivificaba y confortaba al orgulloso esclavo-pedagogo en su esclavitud y al humilde y consciente emperador en medio de sus múltiples ocupaciones– de pertenecer a una aristocracia internacional, espiritual y selecta, formada por aquellos que eran capaces de aprehender la identidad de sabiduría y virtud [...]. Los estoicos, individualistas, cosmopolitas, igualitarios en el aspecto social, no son anarquistas. Miembros de una escuela de origen griego, aceptaban la identificación de la naturaleza con la razón –Divina Razón: la 'mente formadora' de Anaxágoras–, idea absolutamente natural para un pueblo que creía que los dioses debían encontrarse entre, y hasta en el seno de las fuerzas de la naturaleza" (traducción de Luis Fabricant, Buenos Aires, Peuser, 1955, pp. 138-139).

Por eso, sólo llamaremos libres a cuantos no soportan la captura, sino que en cuanto son apresados mueren y escapan. Así también dice Diógenes en alguna parte que hay un medio para la libertad: morir apaciblemente; y escribe al rey de los persas: "no puedes esclavizar a la ciudad de los atenienses; no más –dice– que a los peces". "¿Cómo? ¿Que no los capturaré?" "Si los capturas, te abandonarán y se irán, como los peces. Y es que, si coges un pez, se te muere. Y si los atenienses mueren al ser capturados, ¿qué beneficio sacas de tu expedición?". Eso es la voz de un hombre libre que ha estudiado el asunto con interés y, como es natural, lo ha desentrañado.[5]

A los hombres y mujeres de nuestro tiempo les resultará sorprendente, contradictoria, y acaso también aberrante, esta doctrina de la libertad exclusiva del sabio. Parece ser que la inteligencia actual considera mucho más atendible que la libertad personal, la mía y la de todos los demás, dependa de una situación exterior o un condicionamiento social o contextual, convirtiéndonos en meras marionetas accionadas por una fuerza oscura a bordo de un navío que extiende su velamen al acaso de un viento caprichoso y casi siempre funesto.

Libertad es hoy una palabra que tiene un sentido distinto, razón por la cual el término resulta equívoco y designa realidades esencialmente diversas. La identidad del vocablo encubre, extrañamente –y esta equivocidad es lamentable–, una diversidad de significaciones, a veces contradictorias. La confusión, por lo demás, sobreviene en forma

---

[5] Epicteto, *Disertaciones*, IV I, p. 243.

claramente irremisible, dado que se intenta comunicar una realidad de la que no se tiene vivencia. Y, si es cierto que los hombres corrientes juzgan acerca de lo posible o lo imposible —y también acerca de lo que es o no deseable— en función de sus propias experiencias, de lo que vieron, leyeron o escucharon, creemos que es mucho más cierto aun el hecho de que el círculo de comprensión se encuentra hoy mucho más acotado por el horizonte de nuestra contemporaneidad, en pródiga decadencia.

La divergencia es fundamental: el filósofo antiguo buscaba la libertad en un trabajo interior, y podía señalar ejemplos vivos de la adquisición de su ideal. Nuestro tiempo, en cambio, cifra su objetivo en una condición exterior, mientras la interioridad languidece, declina y se estremece; y la inteligencia, confusa, enmarañada en la incompatibilidad de sus sofismas, resulta incapaz de encontrar un ejemplo preciso, una instanciación real, de aquella condición que desea. Y cuando lo logra, cuando finalmente lo halla o se concretiza, cuando lo real enlaza con la idealidad, el edificio conceptual se desmorona y las ideas se transforman en fósiles vivientes, testigos locuaces de los extravíos humanos. ¿A qué se debe todo esto? A la ficción elaborada, inhábilmente construida, sistematizada y repetida en mil voces maquinales y estruendosas, que pretenden —con la sola fuerza del avasallamiento— ocupar el puesto de la misma verdad a la que ignoran. La frustración completa habrá de ser, a la fuerza, el curso natural y la conclusión lógica de este proceso.

La filosofía antigua consideraría esta vida, esta ficción, un fruto de la servidumbre, legado a la humanidad por una mente enloquecida o por los vanos esfuerzos de un intelecto extraviado. Las verdades que ella enseñaba eran claras y sencillas. Para la concepción estoica, las partes de la filosofía eran solamente tres: una se ocupaba de la estructura del mundo (la *física*); otra de la inteligencia: del origen, los procesos y los límites del conocer (la *lógica*); y la última, de la *ética*, del esclarecimiento de aquello que el hombre debe hacer.[6]

Los derroteros posteriores del estoicismo (filosofía helenística)[7], en período romano, acentua-

---

[6] "Ya Zenón, el fundador de la Escuela, partiendo de la tripartición establecida por Jenócrates y aceptada luego unánimemente por académicos, estoicos y epicúreos, compara la filosofía con un huevo, en el que la cáscara sería la lógica; la clara, la física; y la yema, la ética. Más tarde, Posidonio de Apamea, el principal exponente del estoicismo medio, la juzga semejante a un animal en el que el esqueleto vendría a ser la lógica; la carne, la física, y el alma, la ética" (Ángel J. Cappelletti, "Estudio preliminar" en *Marco Aurelio*, Buenos Aires, Centro Editor de América Latina, Colección "Los fundamentos de las ciencias del hombre", 1993, p. 25).

[7] "Con la conquista macedónica se cierra la historia griega propiamente dicha, y comienza la historia del helenismo, esto es, de la difusión de la civilización y de la cultura griega en el mundo antiguo. Y, como todo lo que se difunde pierde en intensidad lo que gana en extensión, así también la filosofía postaristotélica, en su capacidad de adaptación a climas históricos y mentales diversos de los del origen, se distingue por su carácter menos puro y por su estilo menos elevado que la especulación clásica. Sin embargo, Grecia continúa siendo todavía du-

ron aun más el papel de la ética; que en la escuela, por lo demás, siempre fue predominante. Lo fundamental será conocer claramente qué es lo que se debe hacer, esclarecer la naturaleza del ideal y ser capaz de perseguirlo. La razón, fracción divina del alma, establece la guía del ser humano. *Seguir a la naturaleza*, la divisa del estoico, se transforma en *seguir a la razón*, que es la porción que nos especifica como miembros de la especie. Siguiendo a la naturaleza podemos ser sabios, alcanzar la felicidad y sustraernos a los avatares de la fortuna. El objetivo está al alcance de quien lo pretenda, pero la condición es la de no declinar hasta ver encarnada en nuestra propia sustancia aquella realidad suprema —acaso la única— que otorga dignidad a la vida del ser humano. De este modo, el filósofo estoico racionaliza la existencia, ilumina intelectualmente la vida. También reflexiona sobre la muerte, al tiempo que reconcilia al alma (aquella parte de sí mismo que participa de la esencia de la divinidad) con la naturaleza y el orden universal. Es así como se expresa el filósofo romano, de origen hispánico, Lucio Anneo Séneca con respecto a la muerte:

---

rante mucho tiempo el centro de la cultura filosófica: griegos son, en efecto, los dos grandes sistemas que siguen, no sólo en el tiempo, sino también en el orden ideal, al sistema aristotélico, a saber: el estoicismo y el epicureísmo" (Guido de Ruggiero, *Sumario de historia de la filosofía*, traducción de Luis María de Cadiz, Buenos Aires, Claridad, 1948, p. 61).

¿Juzgas acaso, te lo ruego, más razonable que tú obedezcas a la naturaleza, o que la naturaleza te obedezca a ti? ¿Qué importa, en verdad, cuán presto salgas del lugar del que debes salir? No hemos de preocuparnos de vivir largos años, sino de vivirlos satisfactoriamente; porque vivir largo tiempo depende del destino, vivir satisfactoriamente de tu alma. La vida es larga si es plena; y se hace plena cuando el alma ha recuperado la posesión de su bien propio y ha transferido a sí el dominio de sí misma.[8]

Considerar la vida e interpretar los sucesos del universo con estas ideas supondrá determinadas consecuencias en el modo en que el filósofo comprenderá la muerte. La muerte no es un mal. El único mal consiste en vivir de manera equivocada. Ahora bien, ¿cuándo se vive de manera incorrecta? Cuando la parte racional abdica el gobierno del alma, descuidando al *guía interior*. ¿Cómo se llama el estado del que vive mal? Ignorancia y falta de libertad. La esclavitud es común a toda forma de vicio, ya que no importa la cuantía o el *status* de los tiranos. Solamente el que los desprecia a todos es quien es libre.[9] Ese sojuzgamiento interior es el mal supremo y fundamental del hom-

---

[8] "Epístola 93" en *Epístolas morales a Lucilio*, Vol. II, traducción de Ismael Roca Meliá, Madrid, Gredos, 2016, p. 149.

[9] Séneca ilustra esta afirmación con una de las instancias ejemplares preferidas de los estoicos. Efectivamente, treinta tiranos regían despóticamente la ciudad y, con todo, no fueron capaces de sustraerle la libertad a Sócrates. En el fondo, no interesa la cantidad ni la cualidad de los tiranos. Quien los desprecia a todos, solamente aquel es libre (cf. Séneca, "Epístola 28" en *Epístolas morales a Lucilio*, Vol. I, traducción de Ismael Roca Meliá, Madrid, Gredos, 2016, p. 124).

bre. Y es esto aquello de lo que debemos escapar sin mayores vacilaciones.

> Morir más pronto o más tarde no es la cuestión; morir bien o mal, ésa es la cuestión; pero morir bien supone evitar el riesgo de vivir mal. De ahí que juzgue muy poco viril la frase de aquel rodio, que, metido en una jaula por el tirano y alimentado como una fiera cualquiera, así dijo a uno que le aconsejaba abstenerse de comer: "al hombre le cabe mantener la esperanza de todo, mientras vive".
> Aunque esto fuera verdad, la vida no debe comprarse a cualquier precio. Por más cuantiosas que sean ciertas ganancias, por más seguras que sean, no las obtendré a costa de reconocer vilmente mi cobardía; ¿voy a pensar que la fortuna tiene poder omnímodo sobre el que vive, antes que pensar que ninguno posee sobre el que sabe morir?[10]

La vida, para el estoico, no es el bien supremo. El valor de la vida estriba en su utilización. Y solamente se utiliza bien cuando hay libertad. De este modo, la vida solamente tiene valor, y debe conservarse, mientras conservemos la libertad sin la cual no podría realizarse su valor fundamental. Por lo tanto, el filósofo que aprende a morir aprende también a huir de toda servidumbre y a salvaguardar, de esta manera, su libertad interior.[11] El bas-

---

[10] Séneca, "Epístola 70" en *Epístolas morales a Lucilio*, Vol. I, *op. cit.*, p. 305.

[11] Séneca ilustra, de manera clara e imponente, estas ideas sirviéndose de un relato verídico. Se trata de un muchacho lacedemonio, tomado prisionero por el enemigo. Este, educado en Esparta, y con el orgullo marcial que define a su raza, se niega, con todo, a ser esclavo. Es así como, en el mismo momento en

tión de la tumba es inexpugnable. Y, aunque se pueda hacer violencia sobre nuestro cuerpo, ninguna fuerza existe sobre el espíritu que ha vuelto a su patria nativa, la misma que se eleva limpiamente junto a los dioses eternos:

"¿Cómo, pues", preguntas, "me las arreglaré?". Eludir la necesidad no está en tu poder, sí está el vencerla.

Se abre el camino con la violencia.

Y un tal camino te lo mostrará la filosofía. Acógete a ella si quieres vivir incólume, tranquilo, dichoso; en suma, si quieres, supremo objetivo éste, ser libre. Tal situación no puedes alcanzarla de otra suerte.

Cosa rastrera es la necedad, abyecta, despreciable, servil, sometida a muchas y muy violentas pasiones. A estos tan severos déspotas, que a veces mandan por turno, a veces a la par, los aleja de ti la sabiduría que constituye la única libertad. Único es el camino que a ella

---

que los vencedores le ordenan la primera tarea servil, acaba este con su existencia golpeándose fuertemente contra una pared. He aquí cómo cualquier instrumento es apto para abrir las puertas que nos liberen de la esclavitud de manera definitiva. Siendo este un acto heroico llevado a cabo por un muchacho, ¿nosotros, ya adultos, no seremos capaces de aprender del niño y de hacer otro tanto? Por doquier acecha el miedo y nos hayamos sujetos por multitud de tiranos. Todo aquello que no seguimos de buena gana nos agobia y esclaviza. Así sucede con multitud de intereses, de deseos y también con los placeres. Pero, sobre todo, acontece con los miedos y, sobre todos ellos, con el miedo a la muerte; siendo que, en verdad, la muerte nos acompaña fielmente, cual servidora devota, presta para llevar a cabo la ingrata tarea de liberación sin la cual, tantas veces, nuestra existencia no merecería ser continuada. Más o menos en términos semejantes a estos se expresa Séneca en su carta 77 a Lucilio (cf. "Epístola 77" en *Epístolas morales a Lucilio*, Vol. I, *op. cit.*, pp. 370-371).

nos conduce, directamente por cierto; por él no te desviarás. Anda con paso firme. Si quieres someter a ti todas las cosas, sométete tú mismo a la razón. A muchos gobernarás, si la razón te gobernare a ti. Aprenderás de ella qué proyectos debes acometer y de qué manera; no te cogerán de sorpresa los acontecimientos.[12]

Séneca ilustra repetidamente, en una y otra ocasión, estos puntos valiéndose de varios ejemplos. El ejemplo cumple una función especial en el aprendizaje de la filosofía estoica. Esta aconseja tener siempre presente un modelo, una encarnación sensible del ideal, que nos sirva en todo momento de guía para orientar la voluntad. Debemos aprender a vivir como si él nos vigilara. De a poco, nuestras almas, emparejadas, comenzarán a asemejarse gradualmente. Por ello, el recurso del modelo cumple una función esencial y es tratado reiteradamente en distintos momentos. Probablemente, el más repetido de todos, en la obra de Séneca, sea el de Catón de Útica.

Pero, ¿quién es este Catón que ha de servir de arquetipo a los aspirantes a la perfección? Debemos situarnos en el período de las guerras civiles, a cuyo término aparecerá la nueva institución del Principado. Las siguientes consideraciones del historiador Carl Grimberg nos servirán como la mejor introducción en esta breve digresión de tenor histórico:

---

[12] Séneca, "Epístola 37" en *Epístolas morales a Lucilio*, Vol. I, *op. cit.*, pp. 153-154.

En aquel momento, los días de la República estaban contados. Pero vivía un hombre todavía fiel al espíritu de los antiguos romanos, en medio de la decadencia general. Se llamaba Marco Porcio Catón, bisnieto de Catón el Censor. Como su antepasado, al joven Catón le entusiasmaba la gran época de la República romana, la edad de oro en que la fuerza viril se unía al espíritu cívico, en que el ciudadano se sacrificaba al Estado. Para él, antiguas virtudes romanas y estructura republicana eran lo mismo. El único objetivo de su vida era salvar y perpetuar esta forma de gobierno [...]. No comprendía que un imperio no puede gobernarse como una pequeña comunidad.
Personalmente, Catón el Joven pretendía ser la imagen viva de su gran antepasado. Le gustaba moralizar a sus contemporáneos corrompidos. Como verdadero estoico, se expresaba con preferencia en términos filosóficos y abstractos. Catón era un hombre íntegro, que no transigía con su conciencia. Estaba siempre dispuesto a sacrificarse. Cualidades raras en un mundo relajado y sin grandeza de espíritu. Nada tiene de particular que Catón se convirtiera pronto en el jefe consagrado del partido optimate.[13]

Debemos recordar que Séneca escribe en tiempos donde la República era sólo un recuerdo. A Octavio Augusto –quien, una vez dueño del poder, logra terminar finalmente con las guerras civiles– le había sucedido Tiberio, a este Calígula, a él Claudio, y Nerón al último. A este soberano romano Séneca no lo sobreviviría. Allí quedará para siempre el recuerdo del filósofo hispánico abrién-

---

[13] "Catón el Joven. Último acto de la guerra civil" en *Historia universal,* Tomo 8, Chile, Editorial Abril, 1986, p. 73.

dose las venas y bebiendo la cicuta mortífera.[14]
Este cuadro ha sido inmortalizado por grandes

---

[14] Séneca es acusado —al parecer, infundadamente— de haber participado en la fallida conjura de Pisón y se le ordena, por medio de un centurión, darse muerte a sí mismo. Su esposa, Paulina, le suplica acompañarlo en el trance final quitándose también la vida, a pesar de que a ella nadie se lo había requerido. Después de mucha insistencia, Séneca accede a sus ruegos. De esta manera comenta el historiador romano Tácito los últimos momentos del filósofo hispánico: "Después de esto se cortaron a un mismo tiempo las venas de los brazos. Séneca, porque siendo ya muy viejo y teniendo el cuerpo muy enflaquecido con la larga abstinencia, despedía muy lentamente la sangre, se hace cortar también las venas de las piernas y tobillos. Y cansado de la crueldad de aquellos tormentos, por no quebrantar con las muestras de su dolor el ánimo de su mujer, y por no deslizar él en alguna impaciencia, viéndola que ella padecía, la persuade a que se retire a otro aposento. Y sirviéndose de su elocuencia hasta en aquel último momento de su vida, llamando quien le escribiese, dictó muchas cosas que, por haber quedado en el vulgo con las mismas palabras, excusaré el referirlas. Mas Nerón, no teniendo odio particular contra Paulina y por no hacer más aborrecible su crueldad, mandó que se le estorbase la muerte. Y así, a persuasión de los soldados, sus propios esclavos y libertos le vendan las incisiones de las venas y le restañan la sangre [...]. Séneca, entretanto, durándole todavía el espacio y dilación de la muerte, rogó a Statio Aneo, en quien tenía experimentada gran amistad y no menor ciencia en la medicina, que le trajese el veneno ya de antes prevenido, que era el que solían dar por público juicio los Atenienses a sus condenados; y habiéndosele traído, le tomó, aunque sin algún efecto, por habérsele ya resfriado los miembros y cerrado las vías por donde pudiese penetrar la violencia de él. A lo último, haciéndose meter en el aposento donde había un baño de agua caliente, y rociando con ella a sus criados que le estaban más cerca, añadió estas palabras: 'este licor consagró a Júpiter liberado'. Metido de allí en el baño, y rindiendo el espíritu con aquel vapor, fue quemado su cuerpo sin pompa o solemnidad alguna, como antes lo había ordenado en su codicilo, mientras

genios de la pintura y podría ser el mismo que el de Sócrates. El mismo, quizás, que el de tantos otros.

Los tiranos no han gustado nunca de los pensadores originales y de los espíritus libres. Abominan siempre a la razón aquellos que desprecian la libertad. Poco importa que el tirano sea una multitud (como la que condenó a muerte a Sócrates) o que el poder se concentre en manos de uno solo. La cuantía, el número, no hace la diferencia en un gobierno insensato y despótico. Es por ello —porque la tiranía es siempre idéntica en su esencia, constituida en forma pareja por las notas de la servidumbre, la ignorancia y la violencia— que es la misma realidad la que, sustancialmente —como ya se expresó a propósito de Lavoisier—, se repite una y otra vez a lo largo de la historia.[15]

Pero volvamos a Catón y a las guerras civiles del siglo I antes de nuestra era, y veamos cómo este hombre es presentado, en la obra de Séneca, como un modelo ideal y ejemplo vivo de todo proficiente filosófico. Y es que,

---

hallándose todavía rico y poderoso iba pensando en lo que se había de hacer después de sus días" (*Los anales. Claudio y Nerón*, traducción de D. Carlos Coloma, Buenos Aires, Espasa-Calpe, 1952, pp. 198-199).

[15] Esta misma apreciación podemos encontrarla ya presente en Marco Aurelio cuando exclama: "¡A cuántos Crisipos, a cuántos Sócrates, a cuántos Epictetos absorbió ya el tiempo! Idéntico pensamiento acuda a ti respecto a todo tipo de hombre y a cada cosa" (*Meditaciones*, VII 19, traducción de Ramón Bach Pellicer, Madrid, Gredos, 2017, p. 133).

Ciertamente, ninguno pudo avanzar más erguido que este hombre que se alzó contra César y Pompeyo a un tiempo y, mientras unos apoyaban las fuerzas cesarianas y otros las pompeyanas, desafió a los dos y mostró que también existía el partido de la república. No es poco decir de Catón que "no se espanta de ruidos vanos". ¿Cómo no? Si no se espanta de los ruidos reales y próximos, si levanta libre su voz contra diez legiones, contra las tropas auxiliares galas y contra las armas de los bárbaros unidas a las de los ciudadanos, y exhorta a la República a no desfallecer en la defensa de la libertad [...].
¡Cuánto vigor, cuánto ánimo en él, cuánta seguridad en medio del azoramiento general! Sabe que es el único cuya situación no se cuestiona; pues no se trataba de saber si Catón era un hombre libre, sino de saber si vivía entre hombres libres; de ahí su menosprecio a los peligros y a las armas. Quien admira la inflexible firmeza de este hombre, que no se abate mientras todo se hunde, afirma complacido: "está pletórico de músculos su animoso pecho".[16]

Conocemos de antemano y salimos al paso de la objeción que, acaso, podría tener lugar: que el sabio estoico cuida de su intimidad y se desentiende de los demás hombres, olvidando así sus deberes para con la solidaridad humana. Con determinados matices, dada la multiplicidad de representantes que tuvo la escuela, señalando solamente el ejemplo de Catón podemos decir que el filósofo abandona su vida si su preservación va

---

[16] Séneca, "Epístola 95" en *Epístolas morales a Lucilio*, Vol. II, *op. cit.*, p. 207.

en detrimento de la conservación de su libertad.[17] Persistirá, no obstante, en la vida y cuidará, en la

---

[17] Además de en la multiplicidad de los representantes, hemos de pensar en la naturaleza misma de las reflexiones que nos han llegado del estoicismo romano, dado que el conocimiento que tenemos de la escuela en su período antiguo y medio es mucho más fragmentario. En el caso mismo de Séneca, considerando las *Epístolas morales a Lucilio*, podemos ver cómo las mismas temáticas son trabajadas una y otra vez, ya sea rescatando y remarcando un aspecto de su posición, ya sea acentuando otros en función de un intercambio que atiende a las eventualidades, a las inquietudes y a las inexorables variaciones de sus estados de ánimo. La exposición, de acuerdo a su finalidad, sigue siempre un objetivo eminentemente pedagógico, formativo y no sistemático. El ideal academicista se encontraba muy lejos del modelo filosófico del pensador hispánico. Por lo demás, algunas de las expresiones consignadas en las *Epístolas* nos ofrecen una concepción mucho más abierta al suicidio, como ocurre en la epístola número 70. De acuerdo a ella, el sabio ha de considerar las circunstancias de tiempo y lugar, valorando sobre todo la calidad antes que la perduración y la simple cantidad de su vida. Si las contrariedades se acumulan, tiene derecho a abandonar la existencia tan pronto como la fortuna lo importune y sin necesidad de esperar a que las circunstancias se tornen extremas (cf. "Epístola 70", p. 305). No obstante, pareciera que algunas de estas ideas, que podrían llegar a justificarse en el proficiente, resultan contradictorias al ser consideradas en relación al sabio. En efecto, el sabio posee, de manera inalienable, el mayor de los bienes; todo lo exterior, en virtud de su autarquía, aun cuando reconozca su existencia, no lo afecta en su estado de bienestar, dado que ya ha hecho suyo el mayor de los bienes accesibles al ser humano y todos los demás, en comparación, habrán de resultar ínfimos. Por lo tanto, ¿qué malestar puede impulsarlo a abandonar un puesto que, a pesar de todo, no puede más que resultarle grato? El único impulso motriz de la decisión habrá de ser, a la fuerza, la razón; y sólo por ella habrá de estar obligado el sujeto que ha alcanzado la sabiduría. Con respecto al tratamiento de esta última cuestión, recomendamos

medida de sus fuerzas, de la libertad de sus amigos, vecinos y compatriotas.

En este trance, su voluntad se conserva constante; y, solamente cuando la razón (o la derrota) le muestra claramente el fracaso de sus tentativas, se dispondrá piadosamente a darse muerte, liberando al alma de un cuerpo ya vencido. Esta es, en verdad, una acción pía, al tiempo que sumamente grata a los dioses. En efecto, ellos no se divierten con el teatro ni el circo, ni con los gladiadores que ofrecen a la arena el sacrificio de su sudor y a la muerte la última gota de su vitalidad. Los dioses no se divierten con teatralizaciones de batallas, con sacrificios gratuitos o representaciones cruentas con animales o máquinas de guerra. Sin embargo, observan, todos a un tiempo conmovidos y con un interés auténtico, el valiente comportamiento de varones esforzados como Catón de Útica que, por la elevación de sus acciones, tocan los portales que abren el camino a los dominios divinos. Así lo expresa Séneca en su tratado titulado *De la divina Providencia*:

> Dígote de verdad que yo no veo cosa que Júpiter tenga más hermosa en la tierra que divertir el ánimo, como mirar a Catón, que después de rompidos diversas veces los de su parcialidad, está firme, y que levantado entre las públicas ruinas decía: "Aunque todo el Imperio haya venido a las manos de uno, y aunque las ciudades se guarden con ejércitos, y los mares con flotas, y aunque los soldados Cesarianos tengan cerradas

al lector la consulta de *Del supremo bien y del supremo mal* de Cicerón.

las puertas, tiene Catón por donde salir, una mano hará ancho camino a nuestra libertad. Este puñal, que en las guerras civiles se ha conservado puro y sin hacer ofensa, sacará al fin a luz buenas y nobles obras, dando a Catón la libertad que él no pudo dar a su patria. Emprende, ¡oh ánimo!, la obra mucho tiempo meditada; líbrate de los sucesos humanos. Ya Petreyo y Juba se encontraron y cayeron heridos cada uno por la mano del otro; egregia y fuerte convención del hado, pero no decente a mi grandeza, siendo tan feo a Catón pedir a otros la muerte como pedirles la vida". Tengo por cierto que los Dioses miraban con gozo, cuando aquel gran varón, acérrimo vengador de sí, estaba cuidando de la ajena salud y disponiendo la huida de los otros; y cuando estaba tratando sus estudios hasta la última noche y cuando arrimó la espada en aquel santo pecho,[18] y cuando esparciendo sus entrañas, sacó con su propia mano aquella purísima alma, indigna de ser

---

[18] Grimberg también describe el desenlace final en que termina la vida de Catón de Útica. Ocurre luego de uno de los actos finales de César en las guerras civiles, antes de hacerse con el poder supremo de la República moribunda: "Catón no participó en la batalla. Mandaba la retaguardia de los aliados en la ciudad de Útica, al norte de Cartago. Apenas supo el resultado del combate, tomó la determinación de suicidarse; pero antes hizo cuanto pudo para proteger de una eventual venganza a los residentes en la ciudad. Obtuvo del enemigo la seguridad de que nada sucedería a sus habitantes; luego, se retiró a su habitación a leer el *Fedón*, sublime diálogo en que Platón demuestra la inmortalidad del alma. Después, se arrojó sobre su espada. No había cumplido aún cincuenta años. Su muerte causó sensación en la ciudad y la historia le llamó en lo sucesivo Catón de Útica. Cuando César supo la muerte del irreductible republicano, exclamó: '¡Te reprocho tu muerte, Catón, pues me has impedido salvarte la vida!'. En realidad, Catón era más peligroso muerto que vivo, pues los republicanos podían oponerle ahora un mártir a César" ("Catón el Joven. Último acto de la guerra civil", pp. 74-75).

manchada con hierro. Creo que no sin causa fue la herida poco cierta y eficaz; porque no fuera suficiente espectáculo para los Dioses ver solo una vez en este trance a Catón. Retúvose, y tornó en sí la virtud para ostentarse en lo más difícil; porque no es necesario tan valeroso ánimo para intentar la muerte, como para volver a emprenderla. ¿Por qué, pues, habían los dioses de mirar con gusto a su ahijado que con ilustre y memorable fin se escapaba? La muerte eterniza aquello, cuyo remate alaban aún los que la temen.[19]

---

[19] "De la divina Providencia" en *Los siete libros de la sabiduría — El libro de oro*, traducción de Pedro Fernández Navarrete, Barcelona, Edicomunicación, 1999, pp. 23-24.

TIERRA Y SANGRE MEZCLADA CON POLVO

Tener siempre presente la máxima de Herá-clito: "La muerte de la tierra es convertirse en agua, la muerte del agua es convertirse en aire, la muerte del aire es convertirse en fuego, e inversamente". Y recordar también lo del que olvida adónde conduce el camino. Y asimismo que "con aquello que más frecuente trato tienen, a saber, con la razón que gobierna el conjunto del universo, con esto disputan, y les parecen extrañas las cosas que a diario les suceden". Y además: "No hay que actuar y hablar como durmiendo", pues también entonces nos parece que actuamos y hablamos. Y que "no hay que ser como hijos de los padres", es decir, aceptar las cosas de forma simple, como las has heredado.[1]

Marco Aurelio

El emperador Marco Aurelio se escribía estas y otras cosas a modo de fármaco y recorda-

---

[1] *Meditaciones*, IV 46, traducción de Ramón Bach Pellicer, Madrid, Gredos, 2017, p. 93.

torio.[2] Es así que quien gobernara el más poderoso de los imperios hasta entonces conocido por la historia, entre los años 161 y 180 después de Cristo, en medio de las ocupaciones y las luchas constantes en la fría frontera nor-oriental del imperio –los límites mismos del mundo conocido–, escribía en lengua griega reflexiones tan universales como las vertidas en este epígrafe. Ahora bien, ¿cuál es el motivo de que el emperador deba reflexionar en los apotegmas de Heráclito unos setecientos años después de que este hubiera escrito *Sobre la naturaleza (Peri Physeos)*?

La muerte de la tierra es convertirse en agua… Ello significa que la destrucción de la tierra representa el nacimiento de otro elemento, del agua. La muerte y la generación se dan en aspectos diferentes de la realidad, en el seno del mismo movimiento. *Para*

---

2 Como señala agudamente el estudioso argentino Ángel Cappelletti, "la historia de Occidente recuerda a varios reyes-poetas, pero no puede nombrar sino a un rey-filósofo: Marco Aurelio, emperador romano de estirpe hispánica que escribió en griego, hizo la guerra a los germanos y se sintió ciudadano del Mundo. Aunque no fuera sino por esta singularísima circunstancia, su vida y su obra no pueden dejar de interesar a nuestros contemporáneos, habituados a considerar como tipos antitéticos al gobernante y al filósofo, al soldado y al pensador. Pero la atracción que Marco Aurelio ejerce sobre el hombre moderno se basa, sin duda, en algo más que esto. En él nos es dado considerar, como bien dice A. Puech, 'no la doctrina enseñada sino la doctrina vivida'. Hay que tener en cuenta además de que esta doctrina, encarnada en el emperador-filósofo, comporta ideales que suelen parecer sobrehumanos y, por eso mismo, inalcanzables" ("Estudio preliminar" en *Marco Aurelio*, Buenos Aires, Centro Editor de América Latina, Colección "Los fundamentos de las ciencias del hombre", 1993, p. 19).

que una realidad venga al mundo, otra debe eclipsarse. De este modo, la condición de posibilidad de la generación es la muerte. Así como el agua nace de la tierra, lo mismo sucederá con el aire respecto al agua y con el fuego respecto al aire. Cada elemento surge de la muerte de los precedentes. Este es "el camino hacia arriba", que avanza de lo más denso a lo más sutil y liviano. A este movimiento, según Heráclito, le seguirá otro que le es correlativo: "el camino hacia abajo"; donde ambos no representan más que direcciones opuestas del mismo camino, en un ciclo de despliegues y retornos permanentes. Así se configura el camino de la realidad estable del fundamento único, que subyace a la multiplicidad de las manifestaciones exteriores y parciales, el de la Ley sagrada que domina el devenir y establece la armonía de los principios antagónicos. El nacimiento y la muerte, la generación y la destrucción, no son sino diferentes expresiones de la realidad del cambio perpetuo. Detrás de este, como su soporte, encontramos al fuego: *el substrato último de la realidad*; y regulando sus cambios y el ritmo de sus transformaciones encontramos al *Lógos* eterno, la razón divina y universal.

Acordarse de aquellos que olvidan adónde conduce el camino, esto es, acordarse precisamente de aquellos que olvidan. ¿Qué es lo que olvidan? Lo común a todos, la Ley inmanente a toda la realidad.[3] Pero, ¿quiénes son aquellos que olvidan?

---

[3] "Por consiguiente es necesario seguir lo que es común. Pero, siendo el *Lógos* común, la mayoría vive como si tuviera una in-

Aquellos que, sin la razón, sin esa luz misteriosa que el hombre enciende en la profundidad de su alma, no son capaces de comprender la norma que domina el ciclo de transformaciones constantes. Esta Ley, que rige el conjunto cósmico ordenándolo en la forma de un todo armónico, es la que debe aprehender y seguir de manera consciente el filósofo. Caso de no hacerlo, se encerraría en su propio mundo particular –mundo en el que, acaso, cada durmiente puede convivir con una multitud innúmera e incontable de semejantes– y, por ello, sería incapaz de comprender los sucesos que le vienen al encuentro a diario. Por esto se nos dice que *no debemos hablar y actuar como durmiendo*, esto es, sin ser conscientes, por no resultar así esclarecido aquello que decimos ni el motivo preciso por el que actuamos.

Y por ello, finalmente, se nos dirá que *no debemos actuar como niños que siguen las instrucciones de los padres*, dado que la Ley eterna nos proveyó a todos de un instrumento para abrirnos a la realidad y juzgar por nosotros mismos. La apertura al *Lógos*, la asimilación de la Ley eterna y originaria, es la única vía –que no se encuentra vedada a ninguno– por la cual el hombre puede llegar a ser sabio y aproximarse a lo divino.

---

teligencia particular" (Heráclito, "De la naturaleza" en: Heráclito – Parménides – Empédocles, *Textos presocráticos*, traducción de Matilde del Pino, Barcelona, Edicomunicación, 1999, p. 25, Fr. II).

Estas y otras reflexiones se hacía Marco Aurelio en sus *Meditaciones, Pensamientos* o *Soliloquios*.[4] Y es importante hacer ver cómo el emperador estoico se nos aparece, de este modo, como un gran discípulo de Heráclito, al igual que los demás filósofos de la misma escuela. No obstante, este influjo creemos que es mucho más manifiesto en Marco Aurelio[5] y su elaboración más consciente y vigorosa. El escenario en el que el destino lo dispuso, en la defensa del imperio, lo hacía escribir en un teatro ajetreado, entre brumas y sombras que se insinúan en la lejanía, sonidos difusos, estrépitos de armamentos y disposiciones de campaña, resguardado por un horizonte purpúreo. Es por ello que la consciencia del cambio perpetuo, el flujo heraclíteo que sumerge todas las existencias en los ritmos de una eterna fuga, pudo herir de una manera mucho más viva la sensibilidad del filósofo ataviado con el traje de emperador y el casco de soldado. De este modo se comprenderá también que las reflexiones relativas a la muerte —y el modo en que el hombre debe aguardarla— alcancen, en este pensador, un dramatismo muy hondo y un interés especialmente profundo:

---

[4] Bajo los tres títulos puede encontrarse la obra que nos ha legado el emperador Marco Aurelio.

[5] De hecho, gracias a sus *Soliloquios* nos han llegado estos fragmentos (Fr. LXXI - LXXV de la numeración canónica de Diels-Kranz), hoy en día disponibles, de la obra de Heráclito de Éfeso.

Pronto nos cubrirá a todos nosotros la tierra, luego también ella se transformará y aquellas cosas se transformarán hasta el infinito y así sucesivamente. Con que si se toma en consideración el oleaje de las transformaciones y alteraciones y su rapidez, se menospreciará todo lo mortal.[6]

Menospreciar la muerte era fundamental para el estoico, eso ya lo sabemos, porque sólo quien la desprecia aprende a vivir con libertad. En sentido estricto, sólo él es quien vive despierto, en tanto que la vida de los otros hombres sería una ejercitación anticipada de la inconsciencia del sepulcro. Ellos son los que han olvidado adónde conduce el camino y a los que debe tener presente el sabio. Por lo pronto, la dinámica cósmica arrastra todas las cosas en un ritmo de transformaciones imperecedero. Un poco más o un poco menos, todo lo que nació deberá pagar el tributo a la regeneración perenne de las cosas, a la destrucción que todo lo devora, que es la fuente misma del conjunto que se genera. Este es el ritmo armónico en que se ordena el devenir constante de la naturaleza. Y solamente es sabio aquel que conoce esta norma divina, inmanente a la realidad, y se conduce de acuerdo a esa misma racionalidad:

No desdeñes la muerte; antes bien, acógela gustosamente, en la convicción de que ésta también es una de las cosas que la naturaleza quiere. Porque cual es la juventud, la vejez, el crecimiento, la plenitud de la vida, el salir los dientes, la barba, las canas, la fecundación, la

---

[6] Marco Aurelio, *Meditaciones*, IX 28, p. 169.

preñez, el alumbramiento y las demás actividades naturales que llevan las estaciones de la vida, tal es también tu propia disolución. Por consiguiente, es propio de un hombre dotado de razón comportarse ante la muerte no con hostilidad, ni con vehemencia, ni con orgullo, sino aguardarla como una más de las actividades naturales.[7]

El sabio estoico se muestra optimista respecto a que el conjunto del universo se encuentre ordenado por una racionalidad de carácter divino. Y, aun si así no fuera el caso, la muerte es algo inevitable que domina la inmensidad de todo el orbe cósmico. La imperturbabilidad del filósofo —el ideal de la *apathía*[8], tan difícilmente conquistado por el sabio— no debe abdicarse por nada ajeno a nuestro arbitrio. Lo irreparable no debe trastornarnos más de la cuenta, dado que nuestro sufrimiento no repara ningún daño; antes bien, agrega otro nuevo, que bien pudo ser evitado. Con el dominio sobre sus representaciones, con este control completo sobre su voluntad y pensamiento, el sabio estoico cumple con su deber y encuentra su felicidad en seguir la Ley eterna, único camino por

---

[7] Marco Aurelio, *Meditaciones*, IX 2, p. 163.

[8] "La consigna de la escuela estoica era apatía —que no puede ser traducida como 'apatía', sino que se adapta mejor a 'ausencia de sufrimiento'— [...]. No la estúpida y absurda tolerancia del dolor, sino la resolución de no obrar más que por propia elección moral y de acuerdo con la propia voluntad; tal era la esencia de la filosofía estoica" (George Gordon Catlin, *Historia de los filósofos políticos*, traducción de Luis Fabricant, Buenos Aires, Peuser, 1955, pp. 137-138).

el que se alcanza la virtud, y que depende por entero de nuestro arbitrio.

El flujo del universo es constante; las transformaciones, así como la Ley, ordenan la totalidad de lo existente. El nacimiento y la muerte, aspectos diferenciados del movimiento que ordena el devenir de lo existente, son correlativos, necesarios, naturales. La perpetuidad del movimiento implica, así, la constancia del ritmo de las transformaciones: a todo movimiento habrá de seguirle un movimiento contrario que garantice, en la alternancia, la continuidad del flujo invariable. Es así como la generación y la destrucción, presentes en el seno mismo del movimiento –considerado este desde diferentes respectos–, se ordenan a su vez en una dinámica cíclica y en un ordenamiento rítmico. La vida del individuo se inscribe dentro de estos ciclos (esferas dentro de esferas, ciclos dentro de otros ciclos); y las generaciones de hombres emergen de la tierra, ven la luz y se esfuman, arrastrados por el advenimiento de nuevos tiempos, en forma semejante a las hojas que revisten la fronda de los árboles que, como decía el poeta,

Resurge en la estación primaveral

Luego, el viento las derriba; a continuación, otra maleza brota en sustitución de ésta. Común a todas las cosas es la fugacidad. Pero tú todo lo rehúyes y persigues como si fuera a ser eterno. Dentro de poco también tú cerrarás los ojos, y otro entonces llorará al que a ti te dio sepultura.[9]

La muerte, como la vida misma, es también fugaz. Nuestro dolor no trastorna la amplitud cósmica del orbe inmenso. Pronto, los rastros mismos del hombre serán borrados. Las nuevas generaciones que lleguen a conocer nuestro nombre también pasarán. Todo es fugaz, nada permanece demasiado tiempo suspendido en la superficie procelosa del oleaje. Otros ocuparán la escena, una nueva obra se montará en el mismo escenario, un nuevo grupo de espectadores asistirá. Pero pronto el telón caerá y todos serán olvidados. El conjunto de la vida pareciera, así, un fugaz juego de máscaras, que acaba con el cuerpo de todos los asistentes modelado en el polvo, confundidos todos en la misma fosa. ¿Y qué representa ello para la inmensidad incontable del tiempo? ¿Qué para la magnitud inconmensurable del espacio? Una pequeña ola que se pierde en las aguas de un océano extraordinariamente gigantesco, un imperceptible punto débilmente insinuado en el tiempo, una pulsación que reverbera con una intensidad infinitesimalmente pequeña en el espacio. Magnitudes despreciables, cuya sustancia no merece ninguna lágrima, resultan suprimidas por la misma naturaleza sin mayores esfuerzos ni zozobras. El hombre solamente es grande por su pensamiento, y este encuentra su perfección al com-

---

[9] Marco Aurelio, *Meditaciones*, X 34, p. 189.

prender la verdad inscripta en la Ley de la naturaleza, la misma que establece el ritmo de las transformaciones perpetuas y que convierte en un conjunto ordenado, en un cosmos armónico, a la multiplicidad de los entes que componen la específica configuración de lo existente.

> Dentro de poco, ceniza o esqueleto, y o bien un nombre o ni siquiera un nombre; y el hombre, un ruido y un eco. E incluso las cosas más estimadas en la vida son vacías, podridas, pequeñas, perritos que se muerden, niños que aman la riña, que ríen y al momento lloran. Pues la confianza, el pudor, la justicia y la verdad, "al Olimpo, lejos de la tierra de anchos caminos". ¿Qué es, pues, lo que todavía te retiene aquí, si las cosas sensibles son cambiantes e inestables, si los sentidos son ciegos y susceptibles de recibir fácilmente falsas impresiones, y el mismo hálito vital es una exhalación de la sangre, y la buena reputación entre gente así algo vacío? Aguardarás benévolo tu extinción o tu traslado.[10]

Aguardar benévolo la muerte significa vivir reconciliado con la existencia. El sentido exacto de la frase debe comprenderse con todo el rigor de lo expresado. Aguardar la muerte no se restringe solamente a la de uno mismo, sino también a la de todo lo que constituye un dado estado especial de la realidad. Todo en el mundo se encuentra sujeto al cambio. El universo, luego del hombre, también habrá de ser destruido, reabsorbido por el fuego divino, la substancia cósmica original

---

[10] Marco Aurelio, *Meditaciones*, V 33, pp. 109-110.

cuyas transformaciones constituyen la trama de la realidad.[11] El hombre, la estirpe, el imperio, la raza: humo y ceniza, el nombre o el eco de un nombre. El sabio estoico alcanza su libertad por medio de una aquiescencia sistemática a la naturaleza y una asimilación de la parte rectora de su alma con aquello que nunca, jamás, habrá de pasar: la única realidad y Ley subyacentes.

> Todo cuanto ves, muy pronto será destruido y los que han visto la destrucción dentro de muy poco serán también destruidos; y el que murió en la vejez extrema acabará igual que el que murió prematuramente.[12]

Las reflexiones del filósofo Marco Aurelio alcanzan un más profundo dramatismo si se tiene presente que escribe en los que constituyen, acaso,

---

[11] Guido de Ruggiero nos condensa, de manera magistral, algunas de estas ideas características de la física de los estoicos: "fuerza y materia, he aquí la díada en que se compendia toda la esencia del mundo físico; y la materia es receptiva y pasiva, engendrada e incorruptible, idéntica en la composición de sus partes, que se dividen y se unen sin mudar en la substancia; la fuerza es causa activa que se extiende a través de la materia y le confiere su modo particular de ser, su cualidad y su forma. Ella no es sin embargo un principio inmaterial, sino que está constituida por una materia más sutil, el fuego o el éter (esto es, el fuego heracliano llevado, por así decirlo, a la pureza del éter aristotélico). Y la representación de las fases del universo es sacada de Heráclito: todo viene del fuego y retorna a él; el mundo se destruye por combustión; pero, como el principio generador es eterno, la destrucción preludia una nueva formación cósmica" (*Sumario de historia de la filosofía*, traducción de Luis María de Cadiz, Buenos Aires, Claridad, 1948, p. 62).

[12] Marco Aurelio, *Meditaciones*, IX 33, p. 171.

los momentos de mayor esplendor de un imperio que supo subsumir al mundo conocido. Heredero de toda la antigua tradición y base de lo que luego configurará el orbe cultural de nuestra modernidad, el imperio se vio alterado sucesivamente por lo que Ortega y Gasset denomina "ilegitimidad", y que constituye el problema enorme de la sucesión de los gobernantes.

Es así como este imperio, que acaso pudo traer algo de paz —con la fuerza de la legión— a un mundo que vivía despedazándose con la espada, este imperio que absorbió el orbe occidental, se conmovería de manera crónica en guerras intestinas espantosas. Guerras civiles, entre los diversos generales y legiones de las distintas partes del imperio, siguen a la muerte de Nerón así como también, más tarde, a la de Domiciano. El siglo II, empero, llamado también "de los Antoninos", acaso el siglo de mayor prosperidad del imperio, pudo encontrar una paz perdurable con un sistema de sucesión llamado "adopcionismo".[13]

---

[13] "Cuando en el año 96 cayó asesinado Domiciano, subió al poder un hombre eminente del orden senatorial: Nerva. Su breve gobierno se caracterizó por el respeto a la ley y a las normas del principado según la tradición de Augusto; pero lo que merece señalarse por sobre todo en su breve gobierno es que estableció el principio de la adopción para asegurar la sucesión imperial, principio según el cual cada príncipe elegiría cuidadosamente el hombre más calificado para sucederle y lo adoptaría como hijo, de modo que su derecho fuera inobjetable cualquiera que fuera el criterio que se siguiera. A esta circunstancia debió Roma el tener, durante el siglo II, la serie más brillante de príncipes que registra su historia" (José Luis Romero, "His-

Un emperador, formado doctrinariamente por el estoicismo –y aquí la filosofía se revela como eminentemente eficaz en la transformación de la sociedad, cuando modela al alma constituyendo el tipo humano superior que ha de predominar–[14],

---

toria antigua", *Enciclopedia Práctica Jakcson*, Tomo VII, Buenos Aires, W. M. Jackson Inc. Editores, 1958, p. 185).

[14] Este punto es resaltado por Ortega y Gasset cuando discrepa con aquellos historiadores que creen ver una acción disolvente de la filosofía griega en las costumbres romanas. Contrariamente, según Ortega, "la verdad es –y aprovechamos la ocasión para decir muy apretadamente varias cosas de órdenes diversos, pero todos decisivos– que durante el imperio de los Julios y los Claudios –es decir, el primer siglo y medio del Imperio– es cuando se produce, intensiva y rápida, la romanización de las provincias, que, a pesar de singulares abusos, bien administradas, aumentan su riqueza económica creándose en ellas una rica burguesía –mientras en Italia ésta se empobrece y degenera–. Esa burguesía provincial recién creada y que ha sido, *sí*, recién educada en una filosofía, en lo que podríamos llamar una 'cuasi-religión' intelectual, en una 'cultura', que, en suma, fue el estoicismo, es la que va a dominar la etapa siguiente, la de los Flavios y Antoninos. Es preciso recalcar –y no se vea en ello un reclamo de mí específico– que la única filosofía de verdad influyente en Roma fue la estoica y esto no llega a producirse hasta cuatro siglos después de comenzar a desintegrarse la creencia común romana, precisamente en la época de los que llamo 'emperadores españoles' –Trajano, Adriano y, siguiéndoles, Marco Aurelio–, que eran ellos mismos estoicos. El estoicismo extendido por toda la nobleza y burguesía del imperio proporcionó al mundo una de sus etapas de mejor gobierno y más dulce felicidad. Es un hecho incontrovertible que cuando la filosofía influye efectivamente no en este o en aquel individuo aislado, sino en amplias y profundas capas sociales, por tanto, en el alma colectiva de Roma, logra, si bien transitoriamente, lo que parecía imposible, a saber: que un pueblo, el cual había perdido toda creencia común, cobre, merced al es-

elegía sucesor entre los miembros más capaces del imperio (un imperio claramente cosmopolita, como puede notarse por el carácter provinciano de los nuevos gobernantes) y lo adoptaba legalmente como su hijo. De este modo se aseguraron cerca de cien años de gobierno racional, humano y ejemplar. A Marco Aurelio le tocó ser el último de este ciclo de emperadores filósofos. Con él, la filosofía alcanza la culminación en una encarnación paradigmática y palpable. Mas con él también se cerrará, al mismo tiempo, aquel período de paz interna. Su hijo natural, Cómodo, habrá de heredar el imperio, que padecerá nuevamente el despotismo,[15] inaugurando un siglo III que se desangrará entre la guerra civil y la anarquía militar.

---

toicismo, *algo así* como una fe colectiva que le sostiene compacto algún tiempo y, como no podía menos, suscite la única etapa de *algo así* como legitimidad de que gozó en sus cinco siglos de vida arrastrada el imperio romano" ("Una interpretación de la historia universal" en *Ortega y Gasset. Vida, pensamiento y obra*, España, Planeta DeAgostini, 2007, pp. 358-359).

[15] "Nada tan trágico en la vida de Marco Aurelio como el destino de su hijo. El más noble de los emperadores romanos tuvo por sucesor a un señorito rudo y flojo. Todo en el reinado de Cómodo parece aniquilar la obra grandiosa de su predecesor. Sensual y sin fuerza, con una expresión aviesa y malhumorada, Cómodo aparece como prototipo del hombre abúlico. Acaso deba atribuirse a una herencia poco favorable; su madre era, en todo caso, muy inferior a su esposo. A este emperador de diecinueve años le disgustaban las campañas agotadoras contra los enemigos de su imperio; su único deseo era volver a Roma para gozar allí de lujo y placeres. Los inmensos territorios, en defensa de los cuales consagrara su padre toda su existencia, fueron abandonados por él" (Carl Grimberg, *Historia universal*, Tomo 12, San-

Todo esto acaso no pudo ser evitado por este sincero pensador, que pasó gran parte de su vida en medio de luchas cruentas, soportando el frío, el hielo, la muerte, el barro, la ceniza y el polvo en campañas contra "el bárbaro indómito", que duraban años y terminaban muchas veces en plagas más mortíferas que la guerra.[16] El destino, aquello que no dependía de él, parecía empecinarse con el filósofo estoico, el viejo guerrero, que contemplaba el estrépito de la conflagración y a su pueblo asolado por enfermedades invisibles. En esas horas, largas horas, de campaña en que el sol doraba la nieve o en que un campo de batalla abandonado servía de festín a las aves de rapiña, el emperador Marco Aurelio pudo pensar que Roma también moriría y que su nombre, como un eco, también se perdería...

Por lo pronto, la muerte encontró al emperador filósofo en el año 180 en Viena, culminando una campaña triunfal contra los bárbaros que amenazaban las fronteras del imperio; otorgándole el

---

tiago de Chile, Sociedad Comercial y Editorial Santiago Ltda., 1995, p. 3).

[16] "El reinado de Marco Aurelio no fue, por cierto, un período de tranquilidad y de paz imperturbada, como él hubiera deseado. Así como en su propia persona puede señalarse el contraste existente entre un cuerpo lleno de dolencias y un alma llena de virtudes, así en su gobierno cabe advertir la oposición entre aquello que de su voluntad no dependía (campo en el cual se dieron las más graves calamidades) y aquello que caía bajo su arbitrio (terreno en el que gozó Roma de una de sus épocas más felices). Por una parte, inundaciones, pestes, terremotos, guerras continuas; por otra, honestidad, justicia, clemencia, temperancia" (Cappelletti, "Estudio preliminar", p. 10).

merecido descanso que un destino funesto no le permitió encontrar en vida. Quizás allí, antes de liberar su espíritu y entregarle la parte rectora del mismo a la divinidad, antes de exhalar su alma fortificada en la disciplina y robustecida en renuncias, recordó, antes de cerrar por última vez sus ojos, una antigua y sublime reflexión, escrita por él mismo en los caracteres griegos de sus *Meditaciones*:

Hipócrates, después de haber curado muchas enfermedades, enfermó él también y murió. Los caldeos predijeron la muerte de muchos, y también a ellos les alcanzó el destino. Alejandro, Pompeyo y Cayo César, después de haber arrasado hasta los cimientos tantas veces ciudades enteras y destrozado en orden de combate numerosas miríadas de jinetes e infantes, también ellos acabaron por perder la vida. Heráclito, después de haber hecho tantas investigaciones sobre la conflagración del mundo, aquejado de hidropesía y recubierto de estiércol, murió. A Demócrito, los gusanos; gusanos también, pero distintos, acabaron con Sócrates. ¿Qué significa esto? Te embarcaste, surcaste mares, atracaste: ¡desembarca! Si es para entrar en otra vida, tampoco allí está nada vacío de dioses; pero si es para encontrarte en la insensibilidad, cesarás de soportar fatigas y placeres y de estar al servicio de una envoltura tanto más ruin cuando más superior es la parte subordinada: ésta es inteligencia y divinidad; aquélla, tierra y sangre mezclada con polvo,[17]

y modelada por el olvido...

---

[17] *Meditaciones*, III 3, pp. 70-71.

EL BAJO IMPERIO

El bajo imperio Romano fue testigo de un cambio de escena a medida que desaparecía la edad de oro de los emperadores adopcionistas, Trajano, Adriano y los Antoninos. Con la creciente oscuridad de los tiempos, el epicureísmo con sus supuestos sobre la vida culta, desaparece, y hasta el estoicismo, con su atractivo de corte aristocrático, pierde paulatinamente su influencia... El hombre no busca disciplina sino salvación, no busca apatía sino simpatía. El platonismo vuelve a tomar posesión de la vida; pero en esa forma absolutamente distinta, imbuida de preocupaciones teológicas, que constituye el neoplatonismo. Plotino el Egipcio (alrededor de 203-262 de nuestra era), enuncia su doctrina ultraindividualista, ascético-espiritual, pero dominada por la razón, del "vuelo del solitario hacia el Solitario": el Absoluto o Mente que se eleva por encima de las "emanaciones" o "creaciones" o almas-estrellas en parte divinas, en parte naturales, que proceden de lo Absoluto; la mente que gobierna "las esferas" de las cosas materiales. La

> *preocupación fundamental no consiste más en encontrar un camino racional hacia la vida feliz en este mundo, sino en encontrar un camino de adormideras, un camino de ensueños, para pasar de este mundo del mal a la vida eterna. Se puede presumir que haya habido en todo este desarrollo influencias de los brahmanes hindúes.*[1]
>
> GEORGE GORDON CATLIN

Tras la muerte violenta de Cómodo, el hijo del emperador Marco Aurelio, luego de un reinado signado por la incuria, la arbitrariedad y la falta de sentido, la espada de la guerra civil vuelve a blandirse —aun con mayores bríos y con una violencia estremecedora— en el imperio forjado por Roma. La paz, siempre frágil y transitoria, es obtenida al precio de una opresión cada vez más fuerte ejercida por la potestad de un poder central durante el mandato militar de Septimio Severo y sus sucesores: Caracalla, Heliogábalo y Alejandro Severo. Este último, el único de los sucesores de la familia de los Severos exento de crueldad, de lascivia y dominado por un auténtico espíritu de justicia de indudable valía, es asesinado con motivo del desprecio suscitado por sus altas cualidades.[2]

---

[1] *Historia de los filósofos políticos*, traducción de Luis Fabricant, Buenos Aires, Peuser, 1955, pp. 145-146.

[2] José Luis Romero describe de forma resumida, pero clara, la situación histórica en la que adquiere el poder el último de los

Asistimos a una época donde la probidad es derribada y las virtudes son avasalladas con más premura que los vicios más degradantes. El último de los Severos fue el último dique de contención para el desencadenamiento de las furias que pronto se precipitarían dominando la constelación del siglo III. Luego de la muerte de Alejandro Severo, y posteriormente la de su brutal sucesor en el trono, Maximino el tracio, nos dice el historiador Carl Grimberg que

> los emperadores surgidos del ejército se sucedieron a un ritmo tan rápido que resulta prolijo detallar la embrollada historia de los años siguientes. Hubo pocos hombres capaces entre los emperadores de esa época. Sus reinados fueron tan breves que no tuvieron ocasión de mostrar sus dotes. No sólo tenían que enfrentarse con toda clase de pretendientes al trono, sino también contra los repetidos ataques de los bárbaros.

Severos: "En efecto, además del descalabro general de la administración y de la disciplina militar, Heliogábalo, que era un príncipe inmoral y vicioso, se caracterizó por su predilección por el culto sirio del Sol, del que se constituyó Sumo Sacerdote. Con ello, los cultos exóticos entraron en Roma con fuerza torrencial y atrajeron hacia ellos a las multitudes supersticiosas, de modo que muy pronto se perdieron las hondas raíces de la romanidad. Cuando, a la muerte de Heliogábalo, su sucesor Severo Alejandro (222-235) quiso restablecer la disciplina y reorganizar la vida pública, ya era tarde; fue asesinado, pero no por la irritación provocada por sus crímenes, como Heliogábalo, sino por su virtud, que resultaba ya intolerable para los espíritus acostumbrados a los desbordes de todas las pasiones. Así concluyó, en 235, la dinastía de los Severos, inaugurándose la era de la anarquía militar" ("Historia antigua", *Enciclopedia Práctica Jakcson*, Tomo VII, Buenos Aires, W. M. Jackson Inc. Editores, 1958, pp. 188-189).

El imperio atravesó un estado de crisis permanente que obligó a sus jefes a acudir sin cesar a los lugares amenazados, ya para detener una invasión, ya para reprimir una revuelta. La mayoría de ellos acabaron sus días en forma que llegó a ser habitual entre los emperadores romanos: asesinados por sus tropas. Y lo peor era que ya no se trataba de déspotas como Cómodo, Caracalla o Heliogábalo, quienes perdían así la vida, sino de emperadores que querían restablecer el orden y castigar a los delincuentes, ya que por tierra y mar pululaban bandas de criminales. Los legionarios, en otro tiempo célebres por su disciplina, integraban ahora bandas desenfrenadas, la mayoría de origen germánico.[3]

Tiempos oscuros que inaugurarían la descomposición progresiva del mundo antiguo. El bajo imperio recoge ya, claramente, un algo de los tintes purpúreos que preceden al ocaso tenebroso de todo un mundo. En este estado de cosas, no obstante lo poco adecuado del terreno, logra florecer el último gran movimiento filosófico de la Antigüedad grecolatina. El genio que lo inaugura, Plotino de Alejandría, discípulo de Amonio Sacas, logra constituir una síntesis metafísica majestuosa que corona los siete u ocho siglos de reflexión filosófica que venía desarrollando, de manera continuada, el pensamiento griego antiguo.

Para compendiar con gran superficialidad y de manera apresurada sus nociones debemos comprender que, en una síntesis de las doctrinas platónicas con las pitagóricas —aunque la recepción del

---

[3] *Historia universal*, Tomo 12, Santiago de Chile, Sociedad Comercial y Editorial Santiago Ltda., 1995, p. 13.

pensamiento pitagórico se encontraba ya en forma expresa en el propio Platón–, el fundamento metafísico de la realidad, la divinidad primera y originaria, era denominado como lo UNO por Plotino. Lo Uno se encuentra más allá de todo, aun de las predicaciones con que nosotros nos referimos a su existencia. Tan elevado se halla lo Uno respecto de todo lo existente que resulta imposible compararlo con cualquier otra entidad, sea esta la que fuere.

A la sustancialidad efectiva de lo Uno sólo es posible acercarse a través de negaciones metódicas y progresivas. *Lo Uno es nada*. Pero esa nada efectiva, por ser la fuente del ser, por pura *plenitud* de su existencia, es como si se desbordara... Al modo de un foco luminoso que, desde las tinieblas, difundiera su flujo de luz hacia la periferia, el Uno es causa, potencia de la realidad; permaneciendo idéntico en la eternidad, aquende el movimiento y el reposo.

La primera creatura, la primera realidad diferenciada del desborde entitativo de la Unidad, es la Inteligencia.[4] Ella se desdobla en una actividad

---

[4] Lo Uno da origen a toda la realidad por una suerte de superabundancia de ser. Llamamos aquí "desborde entitativo" al proceso de constitución de la dimensión de lo real en tanto ámbito de inscripción de los seres derivados, en cierta manera separados, aunque subsistentes en el seno del principio primero. Ahora bien, desde aquí, desde lo UNO, debemos considerar que "lo primero que produce el Uno es la inteligencia. Debe producir un segundo principio, que por ser inmediatamente engendrado por el Uno es el más perfecto de todos: la inteligencia" (Ismael Quiles, "Prólogo" en: Plotino, *El alma, la*

cognoscente y una multiplicidad de aspectos co-
nocidos. El Dios aristotélico, acto primero, puro
Pensamiento que se piensa a sí mismo, es incor-
porado en la síntesis neoplatónica como una realidad de orden derivado.[5] Este carácter de realidad de las diversas instancias diferenciadas del
desdoblamiento es denominado por el pensador
alejandrino como *hipóstasis*: un dado modo de ser
con un *status* metafísico característico. Del Pensamiento, que integra el mundo de las esencias inte-
ligibles y eternas, surge (por procesión) el Alma

---

belleza y la contemplación, traducción de Ismael Quiles, Buenos
Aires, Espasa-Calpe, 1950, p. 25).

[5] De hecho, la síntesis filosófica es aun más exhaustiva. Diferentes conceptos de la divinidad, ensayados por las filosofías de
Platón, Aristóteles y los pensadores estoicos, son integrados en
las diversas graduaciones de una jerarquía definida y bien articulada de la realidad, en el marco monumental de la concepción neoplatónica: "Este orden jerárquico de los tres mayores
exponentes del pensamiento antiguo viene a ser el punto de partida de una concorde graduación de las divinidades colocadas
respectivamente por ellos en la cumbre de sus propios sistemas. El estoicismo había identificado a Dios con el Alma del
mundo, presente en la materia y fuerza animadora y reguladora
de la misma. Aristóteles había formulado de lo divino una concepción más elevada y pura, separando totalmente a Dios de la
materia y compendiando su esencia en la actividad de un intelecto que tiene como objeto a sí mismo. Para Platón, Dios, o al
menos el vértice del sistema de las ideas que el platonismo ha
querido identificar con Dios, era asimismo más solitario e in-
accesible a la reflexión especulativa: aquél aparecía sobre el
umbral del mundo cognoscible, y el espíritu del pensador se
adapta allí más a un místico arrobamiento que a una conciencia
refleja y especulativa" (Guido de Ruggiero, *Sumario de historia de
la filosofía*, traducción de Luis María de Cadiz, Buenos Aires,
Claridad, 1948, p. 80).

universal; que, a su vez, presenta una porción inferior en la que se manifiestan las diferentes almas particulares. Del Alma, manifiesta en diversos niveles (en función de la cercanía de cada una con el Pensamiento, la hipóstasis superior), surge finalmente la materia, el último reducto constituido por el flujo entitativo de la realidad, desplegada desde las regiones fundamentales de la esencia primordial o *Única*.[6]

Ese es el principio (lo Uno) y el punto de llegada (la pura materialidad) de la realidad, y el flujo difusivo que los conecta —*El camino hacia abajo*— es denominado como *Proódos* —traducido por *peregrinación* o *procesión*— y muchas veces designado, en la terminología técnica, con el nombre de "emanación".[7] Pero esta línea del flujo de emanación

---

[6] "La inteligencia a su vez, aunque con dependencia del Uno, produce un tercer principio, que es el Alma del Universo. Este principio desempeña la función del Demiurgo en la cosmogonía platónica, es decir, él es el que inmediatamente produce todas las demás cosas del universo. Efectivamente, el Alma del mundo produce las almas, tanto las almas que animan los seres incorpóreos (como son los cuerpos celestes, para los antiguos), como las que animan los seres materiales y sensibles de este mundo. Esta es la forma en que ha sido creado el Cosmos. El origen de las almas espirituales es fácil de explicar, ya que proceden a su vez del Alma del universo que es espiritual. Pero ¿cuál es el origen de la materia? La materia viene a ser como un último límite a donde llegan las posibilidades del alma del Universo" (Quiles, "Prólogo", p. 26).

[7] De esta manera es que se comprende, muchas veces, a la doctrina de Plotino como un panteísmo de tipo emanatista. El panteísmo supone una identificación entre Dios y la naturaleza: *Pan* (todo) puede concebirse en adecuación completa como constituyente intrínseco de la divinidad. Sin embargo, en sentido es-

que conecta regiones más o menos puras o densas, pasando a través de configuraciones intermedias de la realidad, es solamente uno de los movimientos. Al movimiento de *descenso* debe seguirle otro de *ascenso*, que cierre el ciclo. Es así como nos lo explica el estudioso italiano Guido de Ruggiero:

> La representación total de la realidad se compendia para Plotino en un doble proceso: el primero es el ya considerado, por el cual la divinidad baja al mundo a través de una serie descendente de momentos; el segundo es aquel por el cual el mundo, purificado y sublimado en el hombre, reasciende a su divino principio y se une a él. Uno pertenece al dominio de la metafísica y de la teología; el otro, al de la ética y de la religión. Existen, empero otros medios de purificación, fuera de aquellos que contemplan las mencionadas disciplinas, pero son de eficacia más limitada. Uno de ellos es la ciencia, por la cual el hombre, sobrepasando las fuentes impuras del saber, esto es, los sentidos y las opiniones, se adapta al pensamiento divino, y sobrepasando al pensamiento se confunde con el Uno [...]. Mas el estado de la perfecta bienaventuranza, de la realización completa de todas las aspiraciones del espíritu, es para Plotino el éxtasis. La conquista de lo in-

---

tricto, la doctrina neoplatónica no representa un panteísmo, sino un pan-enteísmo: el todo, la naturaleza, no se *identifica* con la divinidad, pero se da el caso de que subsiste solamente en ella. La fuente suprema y única del ser se encuentra en la Unidad primera. Y, como nada subsiste sin el concurso del *ser*, nada lo hará, por tanto, sin el concurso de lo Uno; el cual, no obstante, excede todas las existencias parciales, existiendo por sí en una dimensión previa a la diferenciación del movimiento y el reposo, anterior al tiempo, en la interioridad eterna de su propia identidad.

expresable, de lo inefable, no puede ser sino un estado igualmente inexpresable e inefable; el espíritu se adapta al Dios superconsciente con un abandono de toda conciencia de sí mismo, y con la anulación total de todo lo que se interpone entre él y la visión divina.[8]

Así se ve cómo la consumación de la filosofía antigua desemboca en una concepción mística sumamente elaborada y compleja. Probablemente nunca, en toda la historia del pensamiento, la inteligencia humana se haya elevado tan alto; en efecto, es de hecho dudoso que, en los siglos que siguieron en la historia de la especulación filosófica, haya vuelto a hacerlo.

La obra de Plotino fue compendiada por su discípulo Porfirio y organizada en seis obras que reúnen, cada una, nueve tratados: son las famosas *Enéadas*. Es difícil sobreestimar el influjo que la filosofía de Plotino, y de las elaboraciones subsiguientes del pensamiento neoplatónico (incluyendo aquí a los pensadores cristianos), tuvo en la historia del mundo y en el devenir de nuestras ideas. La sola influencia en un pensador temporal y geográficamente próximo como San Agustín de Hipona es ya de por sí inmensa. La simple mención de ello nos eximirá de detenernos en una cuestión imposible de resumir en unas pocas páginas, por más interesante que esta fuera. De modo tal que, concluido el breve *excursus* histórico y metafísico, retornaremos a las cuestiones que más inmediatamente interesan a este estudio.

---

[8] *Sumario de historia de la filosofía*, pp. 82-83.

El pensamiento de Plotino no es ajeno a la problemática de la vida humana, que es integrada en un esquema mucho más vasto de proyecciones cósmicas; y se ocupará también de la muerte y de la cuestión de si es lícito o no adelantar el momento de la misma, acortando el término de la vida. Así, el último de los tratados, un breve trabajo de unas pocas páginas, de la primera de sus *Enéadas*, comienza con una advertencia:

> No te quitarás la vida, para que no salga el alma; porque saldrá llevándose algo a fin de salir efectivamente. Además, salir es trasladarse a otro lugar; el alma, empero, aguarda a que el cuerpo se separe totalmente de ella, y entonces ella no necesita cambiar de lugar sino que está totalmente fuera.[9]

Ahora bien, ¿qué habría de llevase el alma luego de esta vida? Sus malas inclinaciones, las pasiones tenebrosas que la precipitan a terminar con su existencia de manera prematura. El alma, con no ser una realidad de naturaleza grosera, no carecerá por ello de consistencia. Presenta su propio *status* metafísico y tiene una naturaleza que es capaz de cualificarse diferencialmente en función de las acciones en las que el hombre se haya ejercitado durante su vida.

El individuo que se mata es aquel que no ha logrado reestructurar los principios y la organización de su alma, de modo tal que termina deci-

---

[9] "Enéada I" 9, en *Enéadas I, II, III*, Vol. 1, traducción de Jesús Igal, Madrid, Gredos, Colección "Grandes pensadores", 2015, p. 125.

diendo salir de este mundo antes de los tiempos prescritos. En sentido estricto, tal como nos aclara seguidamente el propio Plotino, no es el alma la que se separa del cuerpo, sino el cuerpo el que lo hace del alma. El alma, como una realidad metafísicamente anterior a la naturaleza corpórea, permanece en su sitio. Es el cuerpo el que, como un fruto maduro que se desprende de un árbol eterno, se va apartando gradualmente del alma hasta que el centro espiritual queda desligado de hecho. Este es el modo natural de irse: dejando que el cuerpo se separe espontáneamente, y en forma progresiva, del principio espiritual que lo vivifica. Y es el único modo que no acarrea perjuicio para la propia alma, ya que se ordena a la jerarquía de bienes en que se articula la estructura misma de la realidad.

> —¿Y qué pensar si alguien se ingeniara para que el cuerpo sea soltado?
> —Pues que empleó fuerza y que se separó él mismo, no que dejó libre al cuerpo. Además, en el momento de soltarlo, no estará exento de pasión, sino que habrá o disgusto, o tristeza o enfado. Lejos de eso, debe abstenerse de todo acto.[10]

Quien interviene en la precipitación de su muerte lo hará siempre inducido por algún motivo. Pero, ¿de qué naturaleza habrán de ser las raíces de este motivo? En él se encontrará una pasión interior que informa su naturaleza y pre-

---

[10] Plotino, "Enéada I" 9, p. 125.

cipita su acto, quedando cargada, modelada, por ella la sustancialidad del ser anímico. Ella se llevará consigo no los bienes exteriores, los reconocimientos y los cargos, sino solamente lo que ha hecho consigo misma. La muerte revela, así, la desnudez del alma; y la separación de los lazos carnales la obliga a contemplarse sin velos interpuestos, con los ojos del espíritu, en los reflejos de un espejo fiel a la esencia interior de sí misma.

Por ello, el hombre, en tanto que tenga vida, debe aprovecharla para ordenar su espíritu de acuerdo a los principios eternos y la estructura objetiva de todo lo que existe; orientado en dirección ascendente y evolutiva hacia lo Uno, el fundamento supraesencial de la realidad. El fundamento divino de todo lo existente es accesible al espíritu humano solamente cuando este se encuentre despojado de todo lo superfluo y se haya purificado de las pasiones más bajas. Una vez desembarazado de estas últimas inclinaciones, considerará en poco todo lo que tenga que ver con el cuerpo y este se desprenderá de aquel en la hora convenida, de modo natural y espontáneo.

—¿Y si advirtiera que comienza a declinar?
—No es fácil que tal ocurra al virtuoso. Pero si le ocurriera de hecho, clasificaría el suicidio entre las cosas forzosas y elegibles por las circunstancias, no entre las elegibles sin más. Y es que aun la administración de venenos para que salga el alma, bien puede que no sea conveniente para el alma. Además, si la hora asignada a cada cual está decretada por el destino, no trae buena suerte cuando se adelanta, a no ser,

como decimos, por fuerza mayor. Y si cual es cada uno al partir, tal es el rango que ocupa allá, mientras haya posibilidad de acrecentamiento para adelantar en virtud no hay que quitarse la vida.[11]

No es lícito, nos dice Plotino siguiendo a Platón, darse muerte, porque otro nos ha dispuesto en este mundo para cumplir un destino en el que somos agentes solidarios con el orden del mismo. Sin embargo, no obstante lo anteriormente dicho, la sección cierra enfatizando una excepción: "mientras haya posibilidades de acrecentamiento para adelantar en virtud, no hay que quitarse la vida". Por ello, cuando estas posibilidades no existen, la muerte es algo elegible por las circunstancias, pero no elegible sin más.

Por lo demás, ¿en qué extremo de circunstancias le está vedado al hombre trabajar por el perfeccionamiento y el desarrollo de su propio espíritu? La condición es sólo la libertad, y sus efectos se dirigen y fructifican en la propia interioridad. No obstante lo cual, cuando aquella falta, y cuando las circunstancias así lo exigen —¿quién de nosotros podría censurar a Catón y sostener taxativamente que, al matarse, este actuó de manera injusta?—, le está permitido al hombre terminar con su vida. Si la ley rige en forma genérica, los principios del espíritu también deben comprender las excepciones. Y estas son reconocidas, en casos muy limitados, por el pensamiento de Plotino.

---

[11] Plotino, "Enéada I" 9, pp. 125-126.

Será interesante notar que, además del pensamiento legado por Plotino en sus *Enéadas*, estamos al corriente de su realidad histórica por una *Vida* que ha sido escrita por su discípulo Porfirio de Tiro. Allí, este recoge una anécdota exquisita que nos servirá para precisar, clarificar —y acaso confirmar—, lo que el filósofo pensaba, en la vida práctica, en lo relativo al suicidio. Así, con respecto a la percepción extraordinaria de que se encontraba dotado, nos cuenta Porfirio que

> La superioridad de su clarividente penetración en las conciencias era tan grande que una vez que robaron un collar precioso a Quione, que estaba domiciliada con sus hijos en la misma casa que él llevando su viudez con dignidad, Plotino, congregada en su presencia la servidumbre, clavándoles a todos la mirada dijo señalando a uno: "éste es el ladrón" [...]. Y también a mí, Porfirio, me adivinó una vez que andaba tramando quitarme la vida; y así, presentándoseme de improviso cuando yo estaba en mi casa, me dijo que esas ganas no provenían de una tesitura intelectual, sino de alguna afección melancólica. Y me aconsejó que viajara a otro país. Hícele caso y, oyendo que un tal Probo, un distinguido caballero, vivía en Lilibeo, me llegué a Sicilia. Y así fue como yo mismo, a la vez que me retraje de semejante deseo, me vi impedido de estar presente a Plotino hasta su muerte.[12]

La razón, cuando domina en el individuo, es capaz de esclarecer si al hombre le es lícito dejar el puesto asignado o bien si debe permanecer hasta que el cuerpo se desprenda naturalmente del

---

[12] "Vida de Plotino" en: Plotino, *Enéadas I, II, III, op. cit.*, p. 16.

espíritu. La razón, ordenada a lo universal, es la que debe decidir, y no la pasión personal. El desprendimiento espiritual y la disciplina ascética llegan, en el pensamiento neoplatónico, a una reestructuración de la conciencia y a una encarnación tangible en la realidad.

Porfirio nos cuenta que las últimas palabras del sabio le recomendaban a su discípulo Eustoquio que se esfuerce en elevar lo más divino en él hacia lo más divino que existe en el universo.[13] Así se produce la liberación: en una coincidencia completa, en las soledades inmensas del abismo de Dios, del centro del alma con el centro del cosmos entero. A esta identificación –que el propio Plotino había experimentado en diversas ocasiones, de manera transitoria–[14] nos exhorta a nosotros también el filósofo neoplatónico.

---

[13] "Estando a la muerte, según nos contaba Eustoquio, luego que Eustoquio, que vivía en Putéolos, llegó a su lado con retraso, Plotino le dijo: 'a ti te estoy aguardando todavía'. Y habiéndole recomendado que se esforzara por elevar lo que de divino hay en nosotros hacia lo que hay de divino en el universo, en el momento en que una serpiente, deslizándose por debajo del lecho en que yacía aquél, se hubo escabullido a una hendidura que había en la pared, Plotino exhaló su espíritu a la edad, según decía Eustoquio, de sesenta y seis años, cuando se cumplía el segundo año del reinado de Claudio" (Porfirio, "Vida de Plotino", p. 4).

[14] La experiencia de la unión del alma con Dios es la referida por la noción de *éxtasis místico*. Según nos refiere Porfirio en su *Vida de Plotino*, nuestro filósofo experimentó esta unión completa con la divinidad original en diversas ocasiones a lo largo de su vida. El mismo Plotino nos instruye, en sus *Enéadas*, acerca de estos éxtasis místicos. Por lo que a ellas remitimos a

Plotino abandona su morada carnal en el 269 después de nuestra era, a los 66 años, aquejado por una enfermedad crónica bastante gravosa; no obstante lo cual, aun soportando el retiro y las afecciones progresivamente más dolorosas, le fue dado alcanzar una purificación de la inteligencia en la consecución de la virtud más excelsa. El paganismo tuvo sus mártires así como también –y en Plotino esto es por demás claro– ha tenido sus santos.[15] Al término de su vuelo, el solitario se encuentra en las oscuras regiones con su amado en una unidad simple, perfecta, sin tiempo ni sucesión, una unidad sin diferencia, que no admite la presencia de ningún ser extraño.

Este es, a grandes líneas, el último gran sistema filosófico de la Antigüedad grecolatina. A duras penas, en una ruina irreversible y en un desmoronamiento progresivo, el imperio que vio nacer al último de los grandes filósofos de la Antigüedad perduraría, moribundo, en una agonía extraordinariamente dilatada, unos dos siglos más hasta ser arrasado, y definitivamente despedazado, por los invasores bárbaros. Los ritmos naturales –con el ciclo diario de la salida y la puesta del sol, del día, las noches, y el flujo anualmente renova-

---

los lectores interesados en una comprensión más profunda de esta grandiosa filosofía.

[15] "Nunca la santidad o el pecado han sido monopolio de un grupo social. Si los cristianos tuvieron sus desertores, que Tertuliano se negaba a readmitir en la comunidad eclesial, también había paganos místicos como el egipcio Plotino" (Grimberg, *Historia universal*, p. 16).

dor del aparecer y desaparecer de las estaciones—reproducen continuamente el reverdecer de la vida, en virtud de la destrucción periódica de las existencias espacio-temporalmente diferenciadas; y esos mismos principios rigen también la realidad efectiva del mundo histórico. Así, la civilización moderna, para florecer en su aspecto original y en su ímpetu auténticamente renovador, debía atravesar antes un movimiento de repliegue, un largo eclipse, que —repetido periódicamente a lo largo de la historia de la humanidad— ha recibido el nombre de "Edad oscura". Según el filósofo ruso Nicolás Berdiaev,

> El día histórico, antes de dejar paso a la noche, no se termina nunca sin grandes subversiones y gigantescas catástrofes. No se retira pacíficamente. El crepúsculo de la antigüedad fue acompañado de esos trastornos y de esas catástrofes; la impresión que dejó tras de sí es la de una ruina irremediable. El comienzo de los tiempos nuevos se caracteriza por la barbarización. Todo el orden histórico que había edificado la antigüedad fue invadido por la avalancha de fuerzas caóticas. Conviene recordar aquí que las más terribles guerras o revoluciones, el naufragio de las civilizaciones, la destrucción de los Imperios, no son únicamente debidos a la mala voluntad de los hombres, sino que también son obra de la Providencia. Nuestra época se asemeja a la que vió derrumbarse el mundo antiguo. Pues bien, era el ocaso de una cultura incomparablemente más elevada que la cultura de nuestros días.[16]

---

[16] *Una nueva Edad Media*, traducción de José Renom, Barcelona, Apolo, 1951, pp. 72-73.

REFLEXIONES SUSCITADAS POR UN FILÓSOFO GINEBRINO

No sólo debe tomarse en cuenta, que día a día se va gastando la vida y nos queda una parte menor de ella, sino que se debe reflexionar también que, si una persona prolonga su existencia, no está claro si su inteligencia será igualmente capaz en adelante para la comprensión de las cosas y de la teoría que tiende al conocimiento de las cosas divinas y humanas. Porque, en el caso de que dicha persona empiece a desvariar, la respiración, la nutrición, la imaginación, los instintos y todas las demás funciones semejantes no le faltarán; pero la facultad de disponer de sí mismo, de calibrar con exactitud el número de los deberes, de analizar las apariencias, de detenerse a reflexionar sobre si ya ha llegado el momento de abandonar esta vida y cuantas necesidades de características semejantes precisan un ejercicio exhaustivo de la razón, se extingue antes. Conviene, pues, apresurarse no sólo porque a cada instante estamos más cerca de la muerte, sino también porque cesa con anterioridad la com-

> *prensión de las cosas y la capacidad de aco-*
> *modarnos a ellas.*[1]
>
> MARCO AURELIO

Las más sublimes y eternas enseñanzas de la filosofía antigua se refieren a este ejercicio de reflexión. La reflexión consiste en un movimiento de la razón dirigido hacia la clarificación y el reconocimiento de la propia interioridad. Sin ese esfuerzo de salida del exterior –arrancado al dominio en el que el hombre se encuentra generalmente, absorbido en su trato cotidiano– y retorno hacia sí, resulta imposible alcanzar una profundización de la propia interioridad, sin la cual esta habrá de carecer perpetuamente de dirección y realidad.

De esta suerte, nos aconseja Epicteto, recordando los *Versos áureos* pitagóricos, que:

Cuando se presente la necesidad de cada opinión hay que tenerla a mano. En la comida, la de la comida; en el baño, la del baño; en el lecho, la del lecho.

Y no admitir el sueño en los abatidos ojos
Antes de hacer el recuento de las tareas diarias una por una:
¿Qué transgredí? ¿Qué llevé a cabo? ¿Qué obligación no he cum-
*   plido?*
Tras empezar por ahí, prosigue; y, después,
Si has llevado a cabo malas acciones, censúrate; pero si buenas,
*   alégrate.*[2]

---

[1] *Meditaciones*, III 1, traducción de Ramón Bach Pellicer, Madrid, Gredos, 2017, p. 69.

Sin este ejercicio –que, como el del cuerpo, requiere de continuidad, disciplina y tenacidad–, el contenido de las propias ideas habrá de tener siempre algo de superficial y frívolo, dado que no brota espontáneamente de una fuente genuina. Por ello la filosofía se comprendía, en la Antigüedad, junto a un modo de comportamiento anexo, sin el cual la práctica nunca habría de ser fructífera. Solamente después de desarrollada con franqueza y escrupulosidad esta actividad, el sujeto, esclarecido e intensificado en su Ser esencial, sería capaz de dar su palabra sobre el mundo, sobre la vida y sobre el modo exigido por la realidad misma para alcanzar la excelencia de su propia persona. Solamente entonces el individuo podría saber si vivir es un bien o es un mal, y si se encuentra obligado a continuar esta faena vital o, por el contrario, le es permitido precipitar el desenlace definitivo recurriendo al suicidio –y, si es así, a quiénes les es concedido y bajo qué condiciones–.

La respuesta a estas preguntas depende, como es natural, de un determinado concepto del hombre, de la vida y del valor con que reputemos la existencia. La filosofía estoica –y en general, con ella, toda la filosofía antigua– consideró que la vida en sí misma no representaba un bien, ya que el bien estribaba no ya en su conservación, sino más bien en *el modo en que esta se vivía*. Debe com-

---

2 *Disertaciones*, III 10, traducción de Paloma Ortíz García, Madrid, Gredos, 2017, p. 225, las cursivas corresponden a los *Versos áureos*.

prenderse enseguida que esta cualificación no recibe, empero, una determinación exterior. El hombre vive bien cuando orienta su voluntad de acuerdo a la norma universal. El hombre que vive justamente orienta su propia existencia en dirección hacia la *areté*, hacia la excelencia. Se trata, en suma, de una existencia *progresiva*, en dirección hacia una finalidad, hacia un *télos* específico a su propia naturaleza.

Es así como la perfección del ser humano se consuma en la consecución del bien que le es más propio. El bien del individuo dependerá, por lo tanto, del modo en que este instrumente su existencia. Por ello puede comprenderse que, por ejemplo, según el pensamiento de Platón, para el malvado vivir sea una desgracia en lugar de un bien estimable. Por tal razón, en *El político*, este pensador justifica la pena de muerte como un servicio prestado hacia el propio malhechor, que no es capaz de servirse de la vida y que, de hecho, atenta contra ella. Sea de ello lo que fuere, interesa rescatar de toda esta reflexión de valor perenne y de certeza —a grandes líneas— indubitable, que la conservación de la existencia biológica es algo así como un bien secundario, uno que existe como condición de posibilidad de los demás, en la medida en que permite conservar la virtualidad. La actualización *efectiva* del bien solamente se dará dependiendo de la dirección individual que se adopte durante el intervalo que preside nuestra existencia, de los modos concretos en que sea orientada nuestra voluntad y de la capacidad de adaptar nuestra inteligencia personal a la razón divina y universal.

Con todas estas reflexiones presentes se comprenderá cómo la filosofía antigua es apta para hablar, con mayor profundidad que la actual, acerca del concepto de *muerte digna*. Del siguiente modo vemos expresarse a Séneca en una carta dirigida a Lucilio, su discípulo y amigo:

> Con tal disposición te escribo esta epístola como si a mí, en el momento preciso de escribirte, la muerte tuviera que emplazarme. Estoy dispuesto para salir, y por lo mismo fruiré de la vida, porque el tiempo que ha de durar este goce no me preocupa demasiado. Antes de mi vejez procuré vivir rectamente; en la misma vejez morir con dignidad; pero morir con dignidad es morir de buen grado.[3]

Morir con dignidad no significa, empero, morir por propia mano. No representa en verdad algo distinto que morir libremente. Y solamente es capaz de morir libremente aquel que ha sabido alcanzar la libertad durante su vida. Por lo tanto, cabe colegir, no muere dignamente, en el sentido dado aquí por Séneca, ningún individuo que no se haya constituido a sí mismo en un ser libre en lucha con la fortuna. Solamente para los *liberados*, para quienes han ajustado la voluntad y la inteligencia individual a la Providencia y a la Razón universal, estaría permitido abandonar la existencia por propio arbitrio, dado que sólo en tales con-

---

[3] "Epístola 60" en *Epístolas morales a Lucilio*, Vol. 1, traducción de Ismael Roca Meliá, Madrid, Gredos, 2016, p. 255.

diciones puede certificarse en el hombre la certeza de un juicio justo.

No obstante ello, las consideraciones respecto al abandono de la propia vida requieren la ponderación de una serie múltiple de elementos por demás compleja. Es por ello que Séneca nos comunica que

> no se puede decidir de forma general si hemos de anticiparnos a la muerte o aguardar su venida, en el caso de que una violencia externa nos conmine con ella; existen diversas circunstancias que pueden decidirnos por una u otra alternativa. Si se nos da opción entre una muerte dolorosa y otra sencilla y apacible, ¿por qué no escoger esta última? Del mismo modo que elegiré la nave en que navegar y la casa en que habitar, así también la muerte con que salir de la vida.
> Por otra parte, así como no siempre es mejor la vida más larga, así resulta siempre peor la muerte que más se prolonga.[4]

Considerando los casos de Catón o de Epicteto, nos será dado reconocer, de manera clara y precisa, que la libertad de la que hablamos debe necesariamente ser distinguida de la libertad formal y cívica. Epicteto, el esclavo, era *en verdad* un hombre libre. Mientras que el amo reconocido del filósofo estoico, el brutal Epafrodito, antiguo liberto de Nerón, era en su interior un ser sometido a la servidumbre y la tiranía. El propio emperador estaba firmemente cautivo en la peor de las esclavitudes. Entonces, debe reconocerse que la li-

---

[4] "Epístola 70" en *Epístolas morales a Lucilio, op. cit.*, p. 307.

bertad, así como el ser de Aristóteles, se dice de modos diversos.

Para la ética y la metafísica no interesan las caracterizaciones sociales.[5] El hombre se cualifica en la virtud de una manera intrínseca. La voluntad es libre o no lo es. Nada tiene que ver aquí lo social o lo económico. Sin esta libertad interior, la vida, considerada en sí misma, no representa ningún beneficio real. Por lo que su conservación será, o bien indiferente, o bien la simple prolongación de un mal. Es por ello por lo que nos resulta completamente justificada la decisión de Catón de Útica. No se trata de que el magnánimo prócer de la República agonizante haya muerto porque perdió la libertad civil, sino de que murió libremente para lograr la benevolencia hacia sus amigos y para

---

[5] Resulta interesante a este respecto la lectura atenta de la epístola número 47 de Séneca a su amigo Lucilio, donde el filósofo hispánico desarrolla *in extenso* sus ideas relativas a la esclavitud. Así, nos dice con claridad que la *esclavitud real* difiere en mucho de la apreciación legal. Un amigo puede hallarse en la casa, entre los siervos que trabajan con nosotros, y no es necesario recurrir para ello al foro. En efecto, Séneca hace ver con perspicacia que "A menudo un buen material resulta ineficaz por falta de artista; pruébalo y lo sabrás. De la misma manera que es un necio quien al ir a comprar un caballo no examina al propio animal, sino su silla y sus riendas, así es muy necio quien aprecia al hombre ora por su vestido, ora por su condición, que a modo de vestido queda ajustada a nuestra persona. 'Es un esclavo'. Pero quizá con un alma libre. 'Es un esclavo'. ¿Esto le va a perjudicar? Muéstrame uno que no lo sea: uno es esclavo de la lujuria, otro de la avaricia, otro de los honores; todos esclavos de la esperanza, todos del temor [...]. No existe esclavitud más deshonrosa que la voluntaria" ("Epístola 47" en *Epístolas morales a Lucilio, op. cit.*, p. 188).

no servir a la voluntad de un amo al que despreciaba. La continuación de su existencia habría significado un servicio a la voluntad del César, el mismo que pretendía tiranizar a su pueblo. Él, que quería luchar por la libertad, hubiera transformado su existencia en un instrumento de la esclavitud y una justificación de la tiranía. Su existencia, considerada de este modo, debía terminar en virtud de una suerte de veredicto racional. Así lo hizo, y la muerte misma fue una santificación de la libertad.

Actos similares a este podrían hallarse en Sócrates, modelo preferido de toda la filosofía estoica. Es así que, cuando los Treinta Tiranos (el gobierno oligárquico que impusieron los espartanos luego de vencer a los atenienses en la guerra del Peloponeso) lo llamó junto a otros ciudadanos y le encomendó salir de la ciudad y traer de nuevo a Atenas a León de Salamina para que fuera ejecutado, solamente Sócrates incumplió la orden y se quedó en su ciudad, dado que consideraba la directiva como ilegal e injusta. Este acto, según expone Sócrates mismo en la *Apología* de Platón (y este último en su *Carta VII*), le hubiera costado probablemente la vida de no ser por la caída apresurada de ese gobierno ilegítimo[6] —con todo, la Asamblea democrática ateniense terminaría con lo que no tuvieron ocasión de acabar los treinta

---

[6] Estos hechos históricos, además de aparecer mencionados en la *Apología de Sócrates* de Platón, así como en su *Carta VII*, se encuentran asimismo recogidos en el Libro II de las *Helénicas* de Jenofonte.

tiranos del gobierno oligárquico—. El motivo por el que, finalmente, Sócrates hubo de ser condenado fue por su negativa a hacer algo injusto. Sócrates comprendió claramente que el valor de la vida depende de una cualificación esencial otorgada a ella por la libertad. Por lo pronto, él se dispuso a retirarse de aquella antes de que su continuación se transformara en un valor negativo y se encontrara maculada por la deserción al deber y por la cobardía.

Todas estas reflexiones quizás echen algo de luz sobre las cuestiones, tantas veces debatidas en bioética, acerca de la autonomía, el consentimiento y la libertad. El concepto de autonomía —a diferencia de la concepción kantiana tradicional,[7] que

---

[7] Podemos dar una pauta muy general de la ética de Kant sirviéndonos de las precisas líneas trazadas por García Venturini en su manual de filosofía: "La ética formal: llámase así a la concepción moral sostenida por Kant. Puede ésta caracterizarse como sigue: frente a las teorías anteriores que Kant llama *materiales* porque tienden a bienes objetivos previamente elegidos como tales, esta ética es *formal*, porque se ciñe a la forma del acto prescindiendo de bienes externos; frente a aquellas que obedecen —según Kant— a un imperativo *hipotético* (hago tal cosa si alcanzo tal otra), ésta se distingue por sustentar un *imperativo categórico*, no condicionado a ningún fin distinto del acto mismo, es decir, del *deber* de cumplirlo; y frente a aquellas morales que hacen depender la norma ética de una voluntad exterior (*heterónomas*), ésta proclama la *voluntad autónoma*. Hay que actuar, pues, por respeto a la ley, y esa ley la impone nuestra propia razón en su 'uso práctico'. Y ¿qué dice esa ley? 'Obra de tal modo que tu acto pueda ser elevado a juicio universal'; tal es la ley general que debe regir nuestra conducta" (*Curso de filosofía*, Buenos Aires, Troquel, 1960, pp. 177-178). La ética kan-

continúa el pensamiento del estoicismo— suele fundarse hoy en una noción puramente negativa y formal de la libertad. Este mismo concepto se encontrará presente también en el pensamiento de Sartre, cuando expresa que *Todos estamos condenados a la libertad*. Mas la confusión entre los distintos sentidos del término *libertad* no se justifica en ninguna instancia del pensamiento reflexivo. La elección, empero, del sentido negativo es indicativo de un período donde lo cualitativo es arrojado al desprecio, o bien condenado a una pena peor que el ostracismo.

No obstante ello, el sentido puramente formal de la libertad demuestra, aun en el derecho, sus propias limitaciones: se es libre a partir de determinada edad, siempre y cuando no exista cierta demencia o incapacidad manifiesta, etc. En virtud de esta necesidad de establecer un nexo entre el momento en que comienza a tomar un sentido formal la libertad y las instancias previas a dicho reconocimiento, se ha acuñado la noción de "autonomía *progresiva*". Aquí el equívoco se torna ridículo, dado que lo progresivo se comprende que exista para lo cuantitativo y resulta adecuado

---

tiana se denomina *formal*; no obstante lo cual debemos prevenir al lector que no confunda la formalidad de la ética kantiana con las concepciones puramente formales o negativas de la libertad. La libertad afirmada por la ética de Kant se corresponde, de hecho, con una concepción tan positiva como la estoica, dado que se determina autónomamente por la forma de la ley emanada de la razón en su uso práctico. En última instancia, ambas éticas concluyen en que es la razón la que debe servir al hombre esencialmente de guía.

para hacer referencia al sentido positivo de la libertad, aunque no parece tener mucho sentido para el negativo. Por otra parte, resulta particularmente dudoso y claramente inválido —aun con respecto a la actualización de otras facultades más fácilmente mensurables— que la libertad pueda datarse en ciertos rangos de edades definidos y estrecharse en límites precisos, tal como la norma establece. Pero el reino de lo social supone, para funcionar, la presencia de una convención que obre de normativa general y que sirva para regular las acciones de los miembros que lo integran. Por ello, por fines puramente utilitarios que hacen al funcionamiento de la maquinaria administrativa y a una supuesta mayor eficiencia de las políticas públicas, es que se acepta el uso de convenciones tan arbitrarias como esquivas. En última instancia —y esto es, muchas veces, algo indudable—, es mejor una política arbitraria, aunque clara, que la inexistencia absoluta de toda legislación precisa. Puede que este, de hecho, haya sido el razonamiento de fondo efectuado por quienes estipularon tales normativas.

Dicho lo anterior en lo que hace al aspecto social de la problemática, la cuestión ética resulta, por otra parte, bien distinta. El hombre, el individuo concreto, no puede esperar del exterior que se lo cualifique como un ser libre. La consideración interior y la exterior, la mayor parte de las veces, no tiene por qué concordar. Del mismo modo, las normativas vigentes en el derecho de un Estado en particular tampoco tienen por qué coincidir con la dirección moral que el ideal impone al individuo –independientemente del territorio o época histórica en que éste se encuentre–. Así como con la libertad, la misma distinción se impone con respecto a la cuestión del suicidio y de si es lícito o no poner término a la propia vida. Una es la cuestión jurídica, relacionada a la perspectiva legal, y otra la problemática individual y moral, y su respectiva consideración ética.

En el siglo XIX vivió en Ginebra un filósofo prácticamente desconocido hoy en día. Bajo el nombre de Henri-Frederic Amiel, nos legó un conjunto de reflexiones de gran valor, contenidas en su *Diario íntimo*. De acuerdo a la enormidad de su volumen, este *Diario* se encuentra extractado: lo disponible para el público es sólo una selección, muy reducida, del mismo. Allí se encuentra la condensación de un esfuerzo reflexivo de unos cuarenta años de duración casi ininterrumpidos, junto a gran cantidad de profundas intuiciones y un profuso número de perspicaces observaciones filosóficas, literarias y psicológicas de valor trascendente. Es así como el pensador ginebrino se ocupó, en el siglo XIX, del problema de la prolongación de la vida en la enfermedad, así como de la cuestión de la libertad. Y resulta especialmente interesante notar cómo puede rastrearse el modo en que sigue, de forma fragmentaria, los mismos hitos ya trazados por los filósofos antiguos y, fundamentalmente, por los pensadores de la escuela estoica.

Así, por un camino distinto, en virtud de la participación cada vez más importante de las masas en las decisiones políticas, Amiel llega a interrogarse por el problema de la deliberación, la razón y la objetividad. Y, en virtud de estas meditaciones, observa con agudeza que

> Lo más raro consiste en encontrar un espíritu justo, objetivo e imparcial. Es verdad que a nadie le importa nada y que cada uno prefiere su pasión, su prejuicio, su interés, a la justeza de pensamiento. Ello es así, porque hay una dinámica de la historia, las multitudes no presentan en su acción sino las resultantes de fuerzas desconocidas por ellas mismas, que accionan ciegas e irresistibles. Las multitudes quieren ser libres y no adivinan siquiera qué es la libertad; cuando sus instintos no experimentan molestia alguna, se creen libres; por un yugo quebrado se creen libradas de todos los demás. La libertad es un ideal al cual sólo el sabio se aproxima. Todos los demás son siervos sin saberlo, casi tanto como los animales.[8]

Es importante notar cómo, retornando al pensamiento estoico, las reflexiones de Amiel se elevan por encima de toda consideración económica, genérica o social. Si el sabio se aproxima a la libertad, lo cierto es que la ausencia de sabiduría no ostenta un usufructo exclusivo y privilegiado de una determinada clase social. La adquisición de la sabiduría, la lucha por la libertad, impone del individuo un esfuerzo intenso y continuado sobre sí

---

[8] *Fragmento de un Diario íntimo*, Tomo II, traducción de Francisco Reta, Buenos Aires, Sopena, 1948, p. 49.

mismo. El combate por la libertad es la lucha contra la obstinación y el prejuicio.[9] Sólo por este camino le es posible al hombre alcanzar el juicio justo y la objetividad de la inteligencia. La ficción jurídica es distinta a la cualificación intrínseca alcanzada por el individuo, que es precisamente aquella por la que debe esforzarse el ser humano en la esfera de su vida moral y metafísica.

La distinción entre un concepto formal y jurídico de la libertad y otro filosófico admite una nueva replicación aun dentro de este último ámbito. Desde el punto de vista formal y negativo, la libertad se considera como un atributo que depende, en última instancia, de la relación sostenida con determinado plexo significativo de entidades

---

[9] Este punto es aclarado de una manera genial y particularmente ilustrativa, a través de una anécdota, por Epicteto: "Algunos, cuando oyen estas palabras, que es preciso ser constante y que el albedrío es por naturaleza libre e incoercible, y lo demás sujeto a trabas, coercible, esclavo, ajeno, se imaginan que han de mantenerse inmutablemente en todas sus decisiones. Pero, en primer lugar, es preciso que la decisión sea saludable. Y es que quiero que haya vigor en el cuerpo, pero por saludable, por atlético. Si te me muestras con el vigor del que delira y te jactas de él, te diré: 'Hombre, busca quien te cure. Eso no es vigor, sino otra forma de debilidad'. Algo así les pasa en el alma a los que malinterpretan estas palabras. Así, cierto compañero mío decidió, sin causa alguna, dejarse morir de hambre. Yo me enteré cuando ya él llevaba tres días de abstinencia y fui a informarme de qué pasaba.

—He tomado una decisión –dijo–.

—Pero, de todas maneras, ¿qué fue lo que te decidió? Si decidiste de un modo correcto, mira, estamos a tu lado y te ayudaremos a morir; *pero si decidiste de un modo irracional*, cambia de opinión" (*Disertaciones*, II XV, pp. 190-191, énfasis nuestro).

externas. Es por eso que se considera la servidumbre desde diversos puntos de vista; pero el hombre, aunque debe ser activo en cierta forma, no halla la libertad con la simple transformación de la realidad exterior que lo condiciona con más o menos fuerza. La liberación pasa a ser, para esta posición filosófica, una determinación puramente exterior.[10] Mas este concepto, lejos de agotar la

---

[10] La libertad negativa lo que afirma es la "no determinación externa", pero no decide nada con respecto a la corrección de la deliberación como así tampoco en cuanto a la virtud del contenido querido. Haciendo abstracción de todo ello, considera la pura forma de un concepto abstracto de libertad. En otros términos, se contenta con los preliminares del concepto, sin profundizar suficientemente en las determinaciones intrínsecas y en la multiplicidad de los móviles que a la voluntad condicionan o determinan. Esta distinción entre la libertad negativa (*libre de qué*) y la positiva (*libre para qué*) ha sido genialmente ilustrada por Nietzsche en su *Zaratustra*. Así, en el Libro I, en su parágrafo llamado "Del camino del creador", el filósofo germano expresa de un modo por demás rotundo:
"¡Ay, existen tantas ansias de elevarse! ¡Hay tantas convulsiones de los ambiciosos! ¡Muéstrame que tú no eres ni un ansioso ni un ambicioso!
¡Ay, existen tantos grandes pensamientos que no hacen más que lo que hace un fuelle: inflan y generan un vacío aún mayor!
¿Te llamas libre? Quiero oír tu pensamiento dominante, y no que has escapado de un yugo.
¿Eres uno de esos de los que pudo escapar de un yugo? Más de uno perdió su último valor cuando perdió su servidumbre.
¿Libre de qué? ¡Qué le importa eso a Zaratustra! Pero tu mirada, debe anunciarme con claridad: ¿libre *para qué*?
¿Puedes darte a ti mismo tu mal, tu bien e imponer sobre ti tu voluntad como una ley? ¿Puedes ser juez para ti mismo y vengador de tu ley?
Terrible es encontrarse solo con el juez y vengador de la propia ley. Así se arroja una estrella en el espacio abandonado y en

profunda significación de la libertad, es compatible con —y su afirmación exclusiva conduce necesariamente a— una servidumbre interna por demás onerosa.[11]

Para esta consideración puramente negativa y formal, son tan libres Calígula, Nerón y Cómodo tanto como Marco Aurelio; y no lo eran, contrariamente (o lo eran de diversos modos, en función de la potestad exterior que pesaba sobre ellos), Sócrates, Epicteto, Séneca y Catón. Para la con-

---

el gélido aliento de la soledad" ("Así habló Zaratustra" en *Así habló Zaratustra — Más allá del bien y del mal*, traducción de José Hernández Arias, Madrid, Gredos, Colección "Grandes pensadores", 2014, pp. 80-81).

[11] Las ideas de Nicolás Berdiaev nos permitirán profundizar algo más en esta consecuencia inexorable de quienes afirman con exclusividad el concepto de la libertad negativa: "El no-fundamento, la insondabilidad, el misterio de la libertad no significan lo arbitrario. La libertad no puede ser racionalizada, no se somete a las categorías del juicio, sino que en ella vive una razón divina. Es una potencia positiva de creación, no es un arbitrio negador. Un concepto negativo de la libertad, como algo arbitrario, significaría caída y pecado. Asimilada a lo arbitrario, la libertad se vacía de su contenido. Y querer la libertad por la libertad, la libertad sin meta ni contenido, equivale a querer el vacío, a aspirar al no-ser. La libertad en el pecado original aparece como una libertad formal de esa índole, negadora, una libertad del 'no' y no del 'para'. No es la libertad para la creación, la libertad creadora. Una libertad negativa, formal, vacía y sin contenido degenera en necesidad, su esencia se degrada" (*El sentido de la creación*, traducción de Ramón Alcalde, Buenos Aires, Carlos Lohlé, 1978, p. 178). No podemos dejar de mencionar, por otra parte, el hecho de que Argentina ha tenido en el Dr. Alejandro Korn —contemporáneo a Berdiaev— un apóstol de la *libertad creadora* —de cuyo pensamiento me he ocupado en algunos estudios que pronto serán publicados—.

cepción puramente negativa, la libertad puede predicarse de un toxicómano arrastrado irresistiblemente por su dependencia enferma (siempre y cuando el adicto no halle interferencias para la administración de su veneno) del mismo modo que de un asceta hinduista, sin reparar en el hecho de que el yogui se encuentra ordenado en un respeto absoluto a una disciplina racionalmente impuesta y ejercitada por la fuerza de su voluntad robustecida.[12] La libertad positiva considera, por lo tanto, el sentido de la cualificación otorgada por la propia individualidad en virtud de una determinación racionalmente iluminada de la voluntad.

---

[12] *Yoga* deriva de una raíz que significa "unir". Expresa, de esta manera, aquel aspecto donde la religión se nos ofrece no tanto como una serie de ideas que configuran un sistema dogmático a admitir, sino más bien como pura realización. El yoga es una práctica, por tanto, que se dirige metódicamente hacia la unión del alma con Dios. Este aspecto es ilustrado magistralmente por el Swami Abhedananda, condiscípulo de Vivekananda y discípulo directo de Ramakrishna: "*yoga* es una palabra sánscrita comúnmente usada para significar el lado práctico de la religión; y lo primero que concierne a la disciplina que sostiene consiste en esforzar la propia obediencia a las leyes de nuestra naturaleza física y moral de las que depende la adquisición de la completa salud y de la perfección moral y espiritual. En los países de Occidente la palabra ha sido groseramente mal entendida y mal aplicada por muchos escritores que la han empleado en el sentido de charlatanería, hipnotismo, trapacería y fraude. Siempre que las gentes oyen la palabra *yogui*, que significa uno que practica el Yoga, piensan en algún charlatán e impostor o lo identifican con un faquir o uno que practica la magia negra" (Swami Abhedananda, *Cómo ser un yogui*, traducción de Julio Álvarez, Buenos Aires, Osiris, 1977, pp. 26-27).

Por lo que la perspectiva que en cada caso se considere resulta particularmente indicativa de la hondura del carácter y las inclinaciones profundas que dominan la vida de un dado filósofo. No obstante lo cual, los pensadores más interesantes y rigurosos, que quieren hacer justicia a la totalidad de los datos de la experiencia y no claudican en una interpretación parcial y sesgada de la realidad, sin dejar de reconocer el valor de la libertad formal y negativa, acentúan preferentemente la significación de su realidad positiva. De este último parecer ha sido también Amiel quien, siguiendo con la temática de la libertad como condición de posibilidad de cierta objetividad en el uso de la inteligencia, continúa las reflexiones volcadas en su *Diario íntimo*:

> La inteligencia es un medio, un instrumento, un esclavo, un animal doméstico; la inteligencia tiene un amo, que es la parte oscura e irreflexiva del hombre, y que se llama su naturaleza. La libertad de la mayoría de los hombres no difiere de la de las bestias; consiste en seguir sus impulsos inconscientes, sus móviles inconfesados. La Fontaine lo sabía bien. El hombre es una pasión poniendo en juego una voluntad que impulsa a una inteligencia; y así, los órganos, que parecen estar al servicio de la inteligencia, no son más que agentes de la pasión. El determinismo tiene razón para todos los seres vulgares; la libertad interior no existe sino por excepción, y mediante una victoria sobre sí mismo [...]. No se es libre más que por la crítica y la energía, es decir, por el desprendimiento y el gobierno del yo, lo que supone muchas esferas concéntricas en el yo, y una, la central, superior al yo, la esencia más pura, la forma

superindividual de nuestro ser, nuestra forma futura, sin duda, nuestro tipo divino. Estamos presos, pero somos susceptibles de alcanzar la libertad; estamos atados, pero somos capaces de desligarnos. El alma está presa, pero puede revolotear dentro de su jaula. El platonismo explica muy bien el proceso de esta emancipación.[13]

En efecto, Platón había desplegado, mucho antes, una psicología sumamente desarrollada, que hacía justicia a la complejidad constitutiva del ser humano.[14] Los pensadores estoicos y neoplatóni-

---

[13] *Fragmento de un Diario íntimo*, pp. 129-130.

[14] Para Platón, tal como él lo expone en su *República*, el alma consta de tres principios psíquicos. Estos principios no deben ser concebidos al modo de "partes". Las partes pueden subsistir por sí mismas, pero estos principios no son capaces de hacerlo. La vida psíquica integra una multiplicidad de funciones en una totalidad solidaria que recoge una diversidad de dimensiones. En lo que hace a las motivaciones de la acción, estas se encuentran dinamizadas por el deseo. Pero este, según lo desarrollado por el propio Platón en el *Banquete*, consiste en un caudal único, denominado *Éros*. Este *Éros* puede especificarse de distintos modos. El amor debe sublimarse pasando de lo más denso y material a lo más divino y depurado. De igual forma, en la *República*, se expone cómo existen una serie de principios psíquicos, que son concebidos como independientes, pero solidarios de la acción. El principio *concupiscente* refiere al deseo en tanto orientado en dirección a la satisfacción de los deseos sexuales y del alimento, y rige en los tipos humanos más bajos. El principio *irascible*, deseo especificado en la persecución de la gloria, rige en los individuos de categoría intermedia, que pueden llegar a servir como auxiliares de la suprema. En tanto que el tipo humano superior, aquel orientado por el principio *racional*, integra en sí mismo una jerarquía divina. La *justicia* consiste en la subordinación adecuada de los principios inferiores a los superiores. El alma justa es aquella donde el principio racional domina sobre el irascible, y ambos sobre el con-

cos continuaron estos desarrollos y extrajeron importantes consecuencias éticas y religiosas de tales reconocimientos teóricos. La porción central, la mónada aludida por Amiel, podría correlacionarse con lo que los filósofos de la Stoa denominaban *hegemonicón* (la fracción racional del alma, naturalmente rectora); y que, luego, los adeptos neoplatónicos habrían de identificar con *la porción divina del alma*, que debía consubstanciarse con el centro eterno, fuente viva de irradiación del universo.

La libertad consiste en una reestructuración de los influjos psíquicos, donde lo inferior se encuentre localizado y ordenado en la posición que naturalmente le pertenece dentro de la jerarquía de los seres. La virtud del ser humano se corresponde con una estructuración jerárquica. El hombre es capaz de alcanzar la verdad solamente con un arreglo metódico y disciplinado de sus disposiciones. La ascética moral, para Amiel, también se ordena −como la platónica− de acuerdo a un fin teórico. Solamente así el individuo puede elevarse sobre el caos de sus tendencias, siempre fragmentarias, y alcanzar la universalidad que la razón demanda. De forma semejante, como ob-

---

cupiscente. Los tipos humanos inferiores son aquellos en donde, contrariamente, los principios se encuentran estructurados de una manera diversa. La vida espiritual consiste, así, en una reestructuración de los principios psíquicos que dará, como contrapartida, una elevación concomitante y cualitativa del deseo. Es así como se vinculan, de un modo claro, la perspectiva ética, la metafísica y la gnoseológica en una concepción teórica sistemática −extraordinariamente potente para la época−, en un perfil profundísimo y por demás sugestivo y nítido.

jetivo de la razón, la verdad es la que cualifica interiormente al hombre libre; de forma que ambos atributos se desarrollan en el individuo de manera paralela y complementaria.

Con estas y otras intuiciones concernientes al espíritu humano presentes en sus reflexiones, Amiel es capaz de tratar, de un modo por demás agudo, las cuestiones del suicidio y de la forma en que ha de comportarse el individuo en su enfermedad. ¿Hasta dónde debe conservar la vida el ser humano, aun cuando este se encuentre afectado por una enfermedad de tipo incurable? Para el filósofo ginebrino, torturado por las dudas, aguijoneado por la injusticia y la falta de reconocimiento —así como por la sin razón de esta ignorancia—, y lacerado por la soledad y la carga de una salud física y moral muy precaria, la cuestión adquiere aun mayor dramatismo y relevancia. La muerte se presentaba en él como el desenlace natural de una enfermedad respiratoria ya crónica, y así se lo habían comunicado los médicos que lo trataban:[15] los recursos de la época no eran capaces de proporcionarle al enfermo ninguna clase de tratamiento efectivo. Al filósofo de Ginebra no le quedaba más que resignarse y esperar...

> Y esperando (¿esperando qué: la salud, la certidumbre?), las semanas fluyen como el agua; su fuente se consume como un cirio humeante [...].

---

[15] Consulte el lector curioso las anotaciones correspondientes al 20 de julio del año 1878. Cf. Amiel, *Fragmento de un Diario íntimo*, p. 109.

¿Uno es dueño de abandonarse sin resistencia a la muerte? ¿Es un deber la propia conservación? ¿Les debemos a los seres queridos el prolongar lo más posible esta lucha angustiosa? Me parece que sí, pero aun es una violencia. Hay que fingir, entonces, una esperanza que no se tiene, ocultar el total descorazonamiento que uno siente. ¿Por qué no? Es generoso, en los que sucumben, no empequeñecer el ardor de los que batallan o se alegran. Todos estamos, antes o después, condenados a muerte.
Algo más tarde, un poco más tarde, no existe mucha diferencia.[16]

Conservar la propia vida, aun en la enfermedad, con ser una violencia, es también una forma de servicio. Este servicio representa un triunfo constante de la personalidad del individuo. Es así como el enfermo se ejercita en la libertad, aun en el recogimiento. Inclusive en su lecho de enfermo, el sabio es capaz de hacer el bien y extender una mano amigable a la humanidad menesterosa y doliente. Cuando la muerte llegue, esta vez sí a liberar al filósofo de los sufrimientos acumulados a lo largo de su existencia, este podrá decir, como Séneca, que le ha devuelto a la naturaleza algo mejor de lo que esta le había otorgado originariamente. Su vida se encuentra, pues, realizada. Llegado ese momento, como en aquellas reflexiones de fin de año de 1870, el profundo pensador ginebrino podrá recogerse complacido y reposar luego del largo y tortuoso viaje de su vida, para descansar en un mullido y reparador tálamo de ti-

---

[16] Amiel, *Fragmento de un Diario íntimo*, p. 110.

nieblas, reflexionando nuevamente, por última vez, consigo mismo de una forma semejante a esta:

> Lo hecho, hecho está, decía Jacob Fidele; otra vez se hará mejor. Por el momento, demos gracias.
> Se aproxima la medianoche. El día de San Silvestre va a expirar. Sería más agradable estar con las almas que inspiran simpatía; pero más vale estar solo que con los indiferentes.
> ¿Odio a alguien, acaso? No. Puedo, pues, agradecer a Dios y dormirme en paz.[17]

---

[17] Amiel, *Fragmento de un Diario íntimo*, pp. 8-9.

CONSIDERACIONES MÉDICAS
Y CLÍNICAS

Me siento como un general cuyo ejército argumenta, discute y se resiste antes de amotinarse, o como un gobierno que ve aflojarse todos los resortes del respeto y la obediencia antes de rehusarse al impuesto o de levantar las barricadas. Estoy en las antesalas de la demolición. También es de gran interés, para un psicólogo, tener la conciencia inmediata de la complicación de su organismo y del equilibrio de sus sistemas. Me parece que mi arquitectura vacila lo suficiente para que cobre noción de mi conjunto y el sentimiento distinto de mi fragilidad. Todo eso produce la transformación de la existencia personal en un asombro y una curiosidad [...]. Se advierte uno a sí propio, si no en las células y en los átomos, por lo menos en los sistemas orgánicos y casi en los tejidos. En otros términos, la mónada central se aísla de todas las mónadas subordinadas para contemplarlas, y recupera su armonía cuando se ve turbarse la armonía plural y recíproca entre todas las otras mónadas. A la

> *manera de un rey que, después de su abdi-*
> *cación, vuelve a entrar en la vida privada.*[1]

HENRI-FREDERIC AMIEL

La enfermedad, que representa casi siempre algún tipo de limitación, es la instancia fundamental que nos torna patente la "pesadez" de nuestra organización corpórea. Y es el caso que casi siempre vivimos sumergidos y confundidos con ella en la perspectiva diaria de nuestro trato cotidiano, que incluye tanto las relaciones mantenidas para con nosotros como asimismo con el entorno. Como bien lo sabía Schopenhauer, el individuo no reconoce tanto la salud y el bienestar como cuando se le impone al reconocimiento su propio estado de desgracia, malestar y enfermedad.

En ese sentido, en cuanto al reconocimiento de la *propia* situación vital, conjuntamente con las relaciones del ser vivo para con el mundo, la salud es lo negativo y el dolor lo positivo.[2] Todo

---

[1] *Fragmento de un Diario íntimo*, Tomo II, traducción de Francisco Reta, Buenos Aires, Sopena, 1948, p. 16.

[2] Estas ideas también aparecen claramente expuestas en el *Diario íntimo* de Amiel. En efecto, de acuerdo a sus propias expresiones, bien fundadas en experiencias personales claramente meditadas, el dolor nos localiza (cf. *Fragmento de un Diario íntimo*, p. 64). Es por él que se nos torna manifiesta la naturaleza de nuestro propio cuerpo, con el perímetro limitado al que nos vemos constreñidos en el espacio. Y, para Amiel —al igual que para Oscar Wilde—, habrá de ser el amor el único que nos permitirá trascender, a través de la imaginación, hacia una realidad mucho más amplia, no constreñida y, como tal, apta para echar luz sobre la naturaleza íntima de la vida y el universo.

ello nos abre un amplio panorama para la consideración de la enfermedad y lo que esta pueda llegar a tener de valioso. Mas esta clase de estudios, no obstante su relevancia, deberá esperar una ocasión más apropiada para ser desarrollada con la atención merecida. De momento, nos interesa simplemente mencionar esa relación entre la enfermedad del cuerpo, la emergencia de la conciencia reflexiva y una consideración más profunda del carácter genuino del ser humano en la dimensión espiritual que lo constituye. Este mismo reconocimiento, por lo demás, ya ha sido genialmente reconocido por la filosofía estoica. Por ejemplo, Epicteto afirma:

> El principio de la filosofía. Al menos entre quienes la alcanzan como se debe y por la puerta, es la percepción de la propia debilidad e incapacidad respecto a lo necesario.[3]

Es interesante notar la complejidad de la afirmación del pensador estoico. El principio de la filosofía no es único; pero el mejor, aquel que ordena la reflexión de un modo más fructífero, es *la conciencia de la propia debilidad*. Pero, ¿por qué razón habría de ser este el mejor de los principios? Cabe concebir que lo es porque nos exhorta, de manera privilegiada, a interrogarnos de un modo semejante al que sigue: ¿cuál es la fuente principal de la debilidad?, ¿cómo ponerle reme-

---

[3] *Disertaciones*, II 11, traducción de Paloma Ortíz García, Madrid, Gredos, 2017, p. 174.

dio?, ¿en qué consiste, en definitiva, la enfermedad? Estas cuestiones, así planteadas, exigen una respuesta no sólo teórica, sino primordialmente vital y práctica. Claramente, no nos proponemos esbozar aquí siquiera una solución mínimamente satisfactoria del amplio abanico de cuestiones que nos salen al paso. Solamente nos aventuraremos, con Amiel, a avanzar en algunas breves consideraciones filosóficas sobre la *salud*, sin las cuales será imposible alcanzar un concepto razonablemente satisfactorio de la enfermedad.

> La salud es, pues, un equilibrio de nuestro organismo con sus partes componentes y con el mundo exterior; nos sirve, sobre todo, para conocer el mundo. El trastorno orgánico nos obliga a reconstituir un equilibrio más interior, a replegarnos en el alma; y desde entonces nuestro cuerpo se transforma en nuestro objeto, aunque ya no nos pertenece, pese a que, todavía, está en nosotros. Es, apenas, como el velero en que hacemos la travesía de la vida, y del cual estudiamos las averías y la estructuración sin identificarlo con nuestro ser.[4]

Conforme con la definición actualmente aceptada, para Amiel la salud es un equilibrio: tanto entre los elementos que integran el sistema orgánico como con el conjunto de exigencias planteadas por el mundo externo. No obstante, se nos dice, paso seguido, algo que parece contradecir lo anteriormente mencionado, y es que la salud nos otorga la posibilidad de conocer el mundo. Y ello

---

[4] Amiel, *Fragmento de un Diario íntimo*, p. 16.

es así dado que una interacción efectiva con las cosas requiere la presencia de una organización vital sana.

Ahora bien, una es la perspectiva de la condición vital y orgánica, y otra la de la motivación psicológica. La salud y la enfermedad, además, no se presentan nunca en un estado de pureza completa e incontaminada. Es así como, cuando la salud orgánica se retrae, el sujeto es, en cierta forma, precipitado hacia su propia interioridad.[5]

---

[5] Otro tanto sucede con el dolor en general. Por ello, Thomas de Quincey, en sus *Suspiria de Profundis*, nos presentará a la divinidad romana Levana presidiendo el desarrollo formativo de la personalidad por medio del servicio de otras tres diosas: *Nuestras señoras del dolor*. En las alucinaciones y el delirio lúcido producido por el opio, Thomas de Quincey refiere haber sido visitado por Levana en Oxford: "Éstas fueron las *Semnai Theai* o Diosas sublimes, las *Euménides* o Graciosas Señoras (como se las llamaba en la antigüedad, con temerosas palabras de propiciación) de mis sueños de Oxford. La Madonna [la mayor de las tres señoras] habló, habló con su mano misteriosa. Tocándome la cabeza, hizo una seña a Nuestra señora de los Suspiros y lo que dijo, traducido de los signos que ningún hombre puede leer (como no sea en sueños), fue esto: 'He aquí al que en la infancia dediqué a mis altares. Éste es el que una vez fuera mi preferido. Lo aparté del buen camino, lo atraje con engaños, robé al cielo su corazón para unirlo al mío. Por mí se volvió idólatra y por mí, por mis deseos languidecientes, adoró al gusano y rezó al sepulcro lleno de gusanos. El sepulcro le fue sagrado, su oscuridad deliciosa, su corrupción santa. Para ti he madurado este joven idólatra, querida mía, dulce Hermana de los Suspiros. Abrázalo contra tu corazón, madúralo para nuestra terrible hermana. Y tú' dijo, volviéndose a la Mater Tenebrarum, 'perversa hermana que tientas y que odias, recíbelo a tu vez de ella. Que tu cetro pese gravemente sobre su cabeza. No permitas que la mujer y su ternura se sienten junto a él en la oscuridad. Destierra la debilidad de la esperanza,

Es como si la corona más exterior de la personalidad se desechara y la realidad humana se replegara en un núcleo más secreto, lindante con el Yo de un modo más próximo.[6] Desde allí, como un rey derrotado en una expedición, que retorna a lo profundo de sus propias posiciones para rehacer

---

marchita las dulzuras del amor, consume las fuentes de las lágrimas; maldícelo como sólo tú sabes maldecir. Así se formará en el horno, así verá cosas que no debiera haber visto, cosas abominables, secretos indecibles. Así leerá antiguas verdades, verdades tristes, verdades grandes, verdades terribles. Así se levantará otra vez *antes* de morir. Y así cumpliremos la misión que nos encomendó Dios: atormentar su corazón hasta que hayamos desplegado las facultades de su espíritu" (traducción de Luis Loaiza, Barcelona, Alianza, 2008, pp. 99-100, corchetes nuestros).

[6] Las nociones de repliegue hacia sí misma de la subjetividad, así como el desarrollo de una modalidad contemplativa de la existencia causada por la enfermedad, son magníficamente ilustradas por las siguientes consideraciones suscitadas en el genio profundamente reflexivo de Amiel: "Ese yo es la conciencia central, el eje de todas las ramas cortadas, el soporte de todas las mutilaciones. Bien pronto no tendré más que eso, el pensamiento desnudo. La muerte nos reduce al punto matemático; la destrucción que la precede nos rechaza por círculos concéntricos más y más estrechos hacia ese asilo último e inexpugnable. Saboreo por anticipado ese cero en el cual se extinguen todas las formas y todos los modos. Veo cómo se entra en la noche, e inversamente vuelvo a encontrar cómo se sale. La vida es sólo un meteoro cuya corta duración veo. Nacer, vivir, morir, toman un sentido nuevo en cada fase de nuestra existencia [...]. Prefiero mirar el mundo, que es un fuego artificial más vasto y rico, pero cuando la enfermedad retrae el horizonte y me devuelve a mi miseria, esta misma constituye, todavía, un espectáculo para mi curiosidad. Lo que me interesa, a pesar de mi disgusto, es que encuentro en mí un ejemplar auténtico de la naturaleza humana y, por consiguiente, un espécimen de valor general" (*Fragmento de un Diario íntimo*, p. 75).

y reorganizar sus fuerzas, el equilibrio buscará restituirse desde un territorio más íntimo. El mundo exterior, así abandonado, deja de representar, por lo tanto, un ámbito de interacción para convertirse en un objeto de reflexión.

Es así como el mundo y el propio cuerpo, en la enfermedad, pueden llegar a convertirse en un motivo de reflexión. La reflexión fecunda requiere, efectivamente, de una desvinculación relativa para con las cosas. Y este estado de "objetividad" supone una especie de impersonalidad que, en lugar de representar un debilitamiento del yo, implica más bien un enriquecimiento. El espíritu humano es, así, capaz de derribar todas las fronteras que nos separan de las cosas. Del mismo modo que al filósofo ginebrino, ninguna parcela de la realidad le está vedada, ningún espíritu le es ajeno, ninguna pasión extraña.[7] Esta es *la oportuni-*

---

[7] "Cada cosa debe ser tratada según su naturaleza, y compruebo siempre que la objetividad y la impersonalidad son el deseo y el don de mi ser" (Amiel, *Fragmento de un Diario íntimo*, p. 89). Cada individuo se haya confinado por las determinaciones impuestas por su propia personalidad. Es desde ella desde donde arroja su punto de vista acerca del universo y la vida. Salir de la parcialidad de su condición, evadirse de lo localizado del propio interés, ser capaz de sentir desde dentro la verdad palpitante de cada alma y los modos concretos en que esta percibe la vida, es un don de algunos pocos grandes artistas y filósofos de genio. Era este el don de Balzac —y de él ya me ocuparé en uno de los artículos de *La filosofía de los artistas*, libro que pronto saldrá a publicación por esta misma editorial—. Ahora bien, la presencia de este don otorga una especie de potencialidad, y es ella la que, puesta en funcionamiento de manera teorética, permite obtener una suerte de síntesis de las diversas perspectivas

dad de la enfermedad, tema pocas veces tratado y en muchas ocasiones totalmente incomprendido, pero del que al menos es significativo tener noticias.

La enfermedad nos trae a la mente el recuerdo de nuestra propia muerte. Aquí lo paradójico consiste en que el sujeto recuerda algo que todavía no sucedió, pero que conoce con certeza que va a pasar. Este conocimiento se olvida y, no obstante, es recuperado nuevamente en virtud de la propia enfermedad. La muerte es, en efecto, la posibilidad que acompaña al hombre a lo largo de su vida al modo de una sombra que él mismo sostuviera constantemente frente suyo. El conocimiento puramente virtual y periférico se torna vívido en la positividad de la dolencia. Por ello, un médico tan reflexivo como Loudet puede confesarnos:

Siempre he tenido presente la reflexión de Platón cuando decía que "la filosofía es una meditación sobre la muerte" que repitió Cicerón en sus pensamientos.[8]

---

sobre el universo en una totalidad sintética que las sitúe a todas en una integralidad armónica. Esta síntesis requiere, en cierta forma, evadirse de las condiciones mismas que dominan a la personalidad en su trato ordinario para con las cosas. Es por ello que este estado es denominado por Amiel como de *impersonalidad*, y no es distinto a aquel otro al que apuntaba Arthur Schopenhauer cuando hacía referencia a aquellas condiciones en las cuales se alcanza el estado que tan poéticamente ha denominado como propio del *sujeto puro del conocimiento*.

[8] "El miedo a la muerte y la prolongación de la vida" en *Filosofía y medicina*, Buenos Aires, Emecé, 1977, p. 115.

Osvaldo Loudet fue uno de los mayores médicos, psiquiatras y criminólogos de nuestra nacionalidad; un auténtico continuador profesional y espiritual de José Ingenieros —e incluso superador de las limitaciones impuestas a su pensamiento por el dogmatismo cientificista—, al tiempo que un propagador incansable del espíritu humanista. Al viejo galeno *la medicina se le había transformado en filosofía*, y ésta se condensaba en profundas meditaciones sobre la muerte y la enfermedad. Así podemos advertirlo, por ejemplo, en algunas de las reflexiones volcadas en *Filosofía y medicina*, una de sus obras más bellas y conocidas, donde nos expone las sutiles y complejas relaciones existentes entre la muerte, la enfermedad y la vida.

En efecto, en la amplitud de su inteligencia, el médico humanista había aprendido a ver la vida como el cumplimiento de un ciclo vital. La existencia humana no representa una excepción en el seno de la renovación periódica que ordena el devenir del universo. La conciencia del individuo muchas veces es capaz de percibir la alternancia de estos ritmos fluctuantes.

Algunos biólogos, no obstante, parecen olvidar hechos tan básicos y tienen la pretensión de extender la vida más allá incluso de los 150 años. Con cierto tino, el médico argentino considera que ese formato de existencia, a la postre, habría de resultar improcedente. Existen compensaciones casi espontáneas a las pretensiones infundadas. Junto al interés por la vida existe el tedio y el reconocimiento de las desgracias anexas a la continuación de la existencia. Este se percibe con mayor nitidez, quizás, en el trance de las enfermedades crónicas. La penuria constante provoca como reacción lógica una suerte de desasimiento progresivo de los nudos que nos sujetan a la vida. Este hecho es ilustrado por Loudet refiriéndose a un caso consignado por Alfonso Daudet: un niño, gravemente enfermo desde hacía largo tiempo, despierta una noche para confesarle a su padre el aburrimiento provocado por el hecho de no morirse.[9] A través de la fiebre y el dolor, el chico había alcanzado a percibir a la muerte con el carácter más luminoso que le permitiría liberarse del hastío.

La vida, la conservación del equilibrio homeostático de nuestra organización biológica, para nuestro insigne galeno, se reduce al cumplimiento de un ciclo vital, según ya hemos establecido. Estas consideraciones nos recuerdan inmediatamente a las reflexiones de Heráclito de Éfeso, el filósofo y profeta presocrático en cuyo pensamiento ya nos hemos detenido. *Lo que existe actualmente debe morir, por el simple motivo de que nació, dado que en esta muerte se halla la clave para la generación de la vida futura.* La fronda de los árboles se renueva todos los años, nos recordaba Marco Aurelio de forma poética. Y de modo semejante a como las hojas son arrancadas por el aire frío del otoño, las generaciones humanas también son arrastradas por la infatigable corriente de la historia. El paso de los años

---

[9] Cf. "El miedo a la muerte y la prolongación de la vida", p. 116.

modelará, lenta pero constantemente, su cuerpo en humus, raíces, corteza y todo el substrato de las formas con que habrá de revestirse el abigarrado espectáculo de la vida futura. Desde la muerte universal germina todo aquello que se encuentra llamado a llegar a la existencia.

No obstante estas reflexiones, Osvaldo Loudet no se detiene mucho más en tales pensamientos. Su profesión lo induce a retornar a lo concreto, a la realidad humana menesterosa y a la conciencia doliente del efímero individuo enfermo. ¿Y qué nos dice el galeno reflexivo desde la perspectiva del hombre que ha perdido la salud? Una verdad simple y sencilla, y es que *la enfermedad nos reconcilia con la muerte y la realidad de sus perspectivas.*

El miedo a la muerte es, en cierta forma, un tema ya clásico. Sin embargo, tratado desde diversos posicionamientos, no deja de ser real que adquiere tonalidades radicalmente diversas y, algunas veces, incluso morbosas. Es muy frecuente que suela exagerarse este "terror" y que, desde una interioridad trémula, las reflexiones adquieran un cariz algo perturbador y para nada instructivo. El sujeto que especula, entonces, no ha sabido realizar un trabajo interior de profundización que le permita abandonar la propia perspectiva personal, más limitada. No ha sido capaz tampoco de servirse de los conocimientos de la vida de un modo suficiente como para reflexionar profundamente sobre aquello ante lo que tanto se atemoriza.

Es un hecho básico de la existencia el fenómeno de que el miedo a la muerte es vencido constantemente, tal como lo atestigua el conocimiento histórico y aun nuestra experiencia ordinaria. Loudet ilustra su punto con varios ejemplos: nos recuerda que el instinto se arroja sin dubitaciones; el amor avanza, sin inmutarse, hacia el riesgo; el honor empuja a miríadas de hombres a ser sepultados por una muralla de plomo y sumergirse en las entrañas de fuego. Todo ello parece apuntar a una verdad de carácter más sublime, y es que no deberíamos perder de vista que la muerte es necesaria y responde a una serie de causas naturales y divinas. En un proceso que se despliega a partir de la preservación, la regeneración y la prodigalidad del recambio, es donde la muerte cumple una función en la que no puede ser sustituida por nada más. Es ella quien saca de escena a lo antiguo que es, entonces, reemplazado por lo más joven.

La naturaleza nos ofrece, por tanto, un aspecto de potencial productor perenne. Es ella misma la que renueva el estancamiento de las configuraciones orgánicas caducas. En este mismo sentido ya se había expresado Michel de Montaigne cuando consideraba que la muerte era una pieza indispensable en el funcionamiento del universo.[10] Osvaldo Loudet establece claramente, con la perspicacia de su ojo clínico, una suerte de inscripción filosófica de la continuidad de la vida indivi-

---

[10] Cf. Loudet, "El miedo a la muerte y la prolongación de la vida", p. 117.

dual dentro de los márgenes más amplios desplegados por los ciclos naturales y cósmicos.

Desde la consideración de la propia subjetividad, no obstante ello, se nos asegura que el temor es vencido por otras pasiones más fuertes. Esta reflexión es, de hecho, certera y la historia atestigua a favor de ella.[11] A veces, incluso sentimientos de

---

[11] Para retomar a un autor del que ya nos hemos ocupado, debemos decir que esta es también la opinión de Joseph Conrad. Así, en un prólogo tardío a su novela *El agente secreto*, respondiendo a los críticos que le echaban en cara lo sórdido del argumento, el autor anglo-polaco nos hace saber cuál fue el motivo y los sucesos históricos en los que encuentra su justificación el relato tan injustamente valorado por los críticos profesionales. Una vez terminada su obra *El espejo del océano*, que supuso la continuidad de un esfuerzo intelectual que debía ser reparado, el tema de la nueva novela se impuso imprevistamente, en ocasión de una charla fortuita con un amigo a propósito de actividades anarquistas. Conrad nos confiesa no ser capaz de traer a la memoria las razones que habían suscitado esa charla, que resonaría y condensaría en su interior hasta desarrollarse en la forma de la obra maestra que actualmente podemos hallar y leer. "Recuerdo, sin embargo, que hice un comentario sobre la futilidad criminal de todo el asunto, sobre la doctrina, la práctica, la mentalidad; y sobre el despreciable aspecto de la postura medio enloquecida, digna de un descarado timador que explota las conmovedoras miserias y las apasionadas credulidades de una humanidad tan trágicamente disponible siempre para la autodestrucción. Fue eso lo que hizo que sus pretensiones filosóficas fuesen tan imperdonables para mí. En seguida, al referirnos a sucesos particulares, recordamos la ya antigua historia del intento de volar el Observatorio de Greenwich; una estupidez manchada de sangre y de una especie tan fatua, que era imposible rastrear su origen por medio de cualquier proceso razonable o incluso no razonable de pensamiento. Porque la perversa sinrazón sigue sus propios mecanismos lógicos. Pero no había ninguna manera de examinar aquella atrocidad con la mente, de

muy baja estofa adquieren la potestad necesaria como para vencer ese miedo. Por ejemplo, el fanatismo (de cualquier clase), unido a la creencia en conjuntos dogmáticos absurdos, es capaz de lograrlo sin mucho esfuerzo. Por lo pronto, si estos sentimientos tan irracionales e indignos alcanzan a vencer esos pretendidos pavores, ¿no podrían ayudar a lograrlo consideraciones certeramente fundadas, como las esbozadas en su obra por el propio Loudet? ¿Será este un caso más, acaso, de lo que afirmaba Pascal en sus *Pensamientos* en lo relativo a los movimientos irracionales y morbosos de la voluntad que alcanzan efectos que no son capaces de reproducir la salud y la racionalidad?

Según nuestro entender, Pascal estaba en lo cierto; lo cual no implica que la razón no pueda ofrecer su dictamen y que este no nos proporcione un gran beneficio. La historia, como hemos visto, nos ofrece ejemplos vivos para sustentar esta confianza —aunque debemos confesar que, comparados con los opuestos, estos ejemplos resultan mucho más anormales y escasos—. Por lo tanto, no será del todo superfluo continuar nuestras reflexiones con la fe racional adecuada, in-

---

modo que uno quedaba enfrentado al hecho de un hombre volado a pedazos en nombre de algo que no se parecía ni remotamente a una idea, anarquista o de otra especie" (Joseph Conrad, "Prólogo" en *El agente secreto*, traducción de Jorge Edwards, Buenos Aires, Losada, 2004, pp. 11-12). Ejemplos aun más irracionales y sangrientos que este, debemos agregar, es capaz de hallar con facilidad quien haya frecuentado de modo asiduo, y más o menos fecundo, los estudios relativos al devenir histórico del ser humano.

dispensable para llevar el estudio al término que nos hemos fijado.

El médico argentino Osvaldo Loudet avanza aun más en esta temática del miedo a la muerte. Y nos da cuenta de estudios filosóficos por demás autorizados e instructivos, como las interesantes conclusiones puestas de manifiesto por el célebre cirujano Osler quien, en una de sus memorables monografías en las que se ocupa de la psicología de los enfermos, afirma:

> "Yo he tomado nota minuciosa al pie de quinientas camas de moribundos, estudiando los modos de la muerte y las sensaciones visibles. La gran mayoría no manifiesta nada, en ningún sentido; como el nacimiento, la muerte es un sueño y un olvido".[12]

Ya los antiguos expresaban la misma verdad al reputar como hermanos a la muerte y el sueño. La transición, a su vez, se ha ilustrado con la imagen de la barca que avanza sombríamente, pero sin mayores sobresaltos, a través de la laguna estigia, empujada por el brazo tenaz de Caronte, el viejo barquero. El alma se desliza en la oscuridad y el tránsito es acompañado por agitaciones exiguas. Esas mismas oscilaciones en las que se navega tienen algo de sobrecogedor y rítmico. Un idéntico carácter reparador se ilustra popularmente al aludir al sueño profundo y al puerto donde finalmente habrá de hallarse descanso al término del frenético ajetreo y las devastaciones laceran-

---

[12] "El miedo a la muerte y la prolongación de la vida", p. 118.

tes que acompañan a la vida. Las molestias constantes y el dolor frecuente inducen a beber de las aguas del Leteo, el río del olvido. Las mismas que, de acuerdo a Platón, representan la condición necesaria para el retorno fructífero a una nueva vida. El velo entre ambos mundos se desgarra y las sombras se deslizan libremente de una región hacia la otra. Es de esta forma como, de acuerdo a Loudet, el enfermo adquiere algo así como el derecho a dejar la vida.[13]

Se nos habla aquí del *derecho a la muerte* ganado por el individuo a partir de la persistencia de las molestias producidas por la enfermedad, tópico que ya fue mencionado por nosotros a propósito de las ideas de José Ingenieros. Ese derecho es anexo a la pérdida del miedo. El individuo, en la superación del temor, parece decírsenos, adquiere la libertad. Y es el caso que solamente en la libertad existirá el derecho. Por lo tanto, el derecho a la muerte es algo que no parece corresponderle a cualquiera. Debe fundarse tanto en consideraciones objetivas como en motivos subjetivos. El hombre, liberado de su miedo, se aproxima a la muerte con una disposición más pura.

Sobre este tema del derecho a la finalización de nuestro ser orgánico volveremos a ocuparnos un poco más adelante en este libro. En relación a la superación del miedo a la muerte y la reconciliación con la vida, operada en virtud de una re-

---

[13] Cf. "El miedo a la muerte y la prolongación de la vida", pp. 118-119.

flexión filosófica y espiritual de carácter elevado, diremos algunas cuantas palabras más en este mismo capítulo. El propio Loudet, con un estilo exquisito y una prosa por demás humana y afable, nos permite ilustrar nuestras reflexiones con ejemplos célebres extraídos del área de la medicina:

Deseo citar algunos ejemplos de serenidad filosófica, de acatamiento a las leyes de la naturaleza y de resignación religiosa. El sabio Läennec[14], el descubridor de la auscultación cardíaca, era un discípulo de Sócrates. Este genio clínico que a través del estetoscopio supo escuchar y descifrar el lenguaje del corazón, conocía el proceso de la enfermedad que padecía y su próximo fin. El cumplimiento de su deber galénico le llevaba al extremo de seguir ocupándose de sus enfermos y olvidándose de sí mismo. En un momento de gran lucidez en medio de las nieblas que algunas veces oscu-

---

[14] "El más grande médico del siglo, quizá el más grande de todos los tiempos, es René Teófilo Laënnec (1781-1826), nacido en Quimper. En 1816, a los 35 años de edad, es nombrado médico del hospital Necker. Allí es donde descubre la auscultación, que no practicaba en forma directa, sino con ayuda de un cilindro de madera, el *estetoscopio*, 'que se convertirá en el símbolo del médico como durante la Edad Media el orinal'. Sorprende que este gesto de la auscultación, tan simple y que nos parece tan natural, ya sea inmediata (al oído) o mediata (gracias al estetoscopio), no haya sido nunca practicado antes. No solo inventó Laënnec la auscultación, sino que pronto supo llevarla a la perfección, quedando para sus sucesores únicamente pequeños progresos por concretar. Aún hoy nada más instructivo que la lectura del libro de Laënnec (*Tratado de la auscultación mediata*), en su edición más completa de 1826. Laënnec, discípulo de Bichat, alumno de Corvisart, amigo de Bayle, ha sabido crear el método anatomoclínico moderno" (Jean Fauvet, *Historia de la medicina*, traducción de Luis N. Tello, Buenos Aires, Eudeba, 1957, p. 77).

recían su espíritu, retiró los anillos de una de sus manos depositándolos sobre la mesa de luz. Al preguntársele por este gesto, dijo: "yo quería evitar que otro me hiciese ese servicio y tuviese esa pena". Quiso irse sin dejar ni la sombra de una pena y a todos envolvió con la dulzura de su mirada.[15]

Läennec es una muestra palpable de que la fecundidad real de la inteligencia se acompaña, generalmente, de un estado saludable del espíritu.[16] En realidad, muy probablemente, la relación sea la opuesta: el espíritu sano y desvinculado de sus intereses inmediatos subjetivos es el más capacitado para lograr un aparato intelectual desarrollado y *realmente* efectivo. El motivo de ello es fácil de comprender si se considera que solamente estas organizaciones espirituales, desinteresadas de todo fin mezquino y superando toda forma de prejuicio y limitación impuesta por el medio externo como dogmática, pueden elevarse a una consideración

---

[15] "El miedo a la muerte y la prolongación de la vida", pp. 117-118.

[16] "Al igual que Hipócrates y Ambrosio Paré, Laënnec nos regala la admirable contemplación del sabio que es al mismo tiempo hombre de bien. Merecería, tanto como Pasteur, representar al sabio por imágenes de Epinal y libros de moral. Llegado a París pobre y sin sostén, se distinguió solamente por el trabajo y el mérito, despreciando la intriga; jamás ocultó, bajo el Imperio, sus convicciones políticas y religiosas. Inteligente y consciente de su inteligencia, era orgulloso, pero no vanidoso. Exhausto y agotado por un trabajo sobrehumano, sucumbe joven ante el peso de la tuberculosis, igual que Bichat, igual que Bayle. Dos iletrados firman con una cruz el acta de deceso del más grande médico de la era cristiana" (Fauvet, *Historia de la medicina*, p. 78).

objetiva y auténticamente reflexiva y racional de las cosas.

Desde esta perspectiva, que es la socrática, de un progreso personal permanente –muchas veces imperceptible, pero continuado–, Läennec llega al momento de la muerte con una lucidez extraordinaria. Sin tristeza, pero embargado por una melancolía inmensa –que solamente pueden vislumbrar los que observan con fijeza, y purgado de las pasiones inferiores, el espectáculo de la posibilidad derogada por el inexorable tránsito de la vida–, el sabio moribundo se quita sus anillos para evitarles a otros la pena de tener que quitárselos a un cuerpo muerto. Un gesto similar había sido el de Sócrates, al disponerse a bañarse por sus propios medios poco antes de tener que beber la cicuta.[17]

Así puede comprenderse cómo el hombre que trabaja seriamente en su perfeccionamiento puede llegar a lograr un estado de objetividad reflexiva acerca de su propia situación y del valor exacto de la conservación temporaria de su vida. Entonces, y solamente entonces, es capaz de decidir de un modo certero sobre su existencia y la necesidad

---

[17] "También vosotros –dijo–, Simmias y Cebes y los demás, a vuestro turno, en un determinado momento os marcharéis todos. Pero a mí ahora ya me llama, diría un actor trágico, el destino, y es casi la hora de que me encamine al baño. Pues me parece que es mejor que me bañe y beba luego el veneno para no dejar a las mujeres el trabajo de lavar un cadáver" (Platón, "Fedón" en *Volumen I*, traducción de Carlos García Gual, Madrid, Gredos, Colección "Grandes pensadores", 2010, p. 687).

(o no) de mantenerla. A él, como al sabio estoico, le está permitido decidir si es tiempo de abrir los umbrales de la libertad. Luego será capaz de decidir sobre *su muerte*, porque fue capaz de alcanzar —a través del servicio continuo de su voluntad e inteligencia— la racionalidad y la verdad, y finalmente la libertad, que otorga sustancia y veracidad a su propia vida.

En términos generales, tal parece ser la filosofía de Loudet en lo relativo al derecho a la muerte en consideración conjunta con las dolencias que acompañan, muchas veces, al término de la vida. No obstante lo cual, el mismo médico, psiquiatra y pensador nos permite precisar algo más en la temática. *Una cosa es conservar la existencia el tiempo forzoso y otra es morir de una muerte falsificada por la medicina.* En esto, como en lo demás, el equilibrio, la articulación armónica y juiciosa, de verdades aparentemente discordes es lo más difícil de lograr. Y, sin embargo, este equilibrio ejemplar —que es el de la salud, observado desde la perspectiva del alma— puede hallarse no solamente en filosofía, sino también en tipos humanos concretos.

Así, por ejemplo, en una de las páginas más conmovedoras de su filosofía, Loudet nos recuerda a Güemes, el gran médico clínico. Este, una vez que establece con seguridad el pronóstico de su próxima partida, se recoge tranquilamente en su casa y rehúsa inyecciones y tratamientos sin sentido. Él había aprendido las difíciles, pero profundas, lecciones de la filosofía de la resignación y la esperanza. Al término de tan alta adquisición, el prócer de nuestra medicina había llegado a reputar que:

Nada es cosa peor que morir de una muerte falsificada y no de la propia muerte.

[También] El poeta Rilke había dicho a sus amigos que quería morir de su propia muerte y no de la muerte de los médicos. Es evidente que algunas veces la enfermedad real es desfigurada o sustituida por otra enfermedad que fabrican los médicos. Rilke murió como él hubiese deseado. Cortaba personalmente las rosas de su jardín para enviarlas a su amada, y en cierta oportunidad fue herido por una espina. Sobrevino una infección y murió en pocos días. Y murió contento por la espina de una rosa.[18]

---

[18] Loudet, "El miedo a la muerte y la prolongación de la vida", p. 120, corchetes nuestros.

EL DERECHO A LA MUERTE

Sin embargo, es absurdo que el hombre tenga pesadillas por las triviales creaciones de su cerebro. Si nos molesta una piedrecilla en el calzado, nos descalzamos y la sacudimos. Una vez claramente comprendido el asunto, será igualmente sacudir de la mente un pensamiento desagradable. Acerca de esto no debiera haber dudas. La cosa es evidente, clara e inconfundible. Debiera ser tan fácil expeler un pensamiento nocivo de nuestra mente, como sacar una piedra del zapato, y hasta que el hombre pueda conducirse así es insensatez hablar de su ascendiente sobre la Naturaleza. Es un simple esclavo presa de los murciélagos y fantasmas que revolotean por las anfractuosidades de su cerebro.

Pero los rostros cansados y agobiados por las preocupaciones que encontramos por millares entre las opulentas clases civilizadas, atestiguan claramente cuán raro es este dominio. ¡Qué raro, en verdad, es encontrar un hombre! Cuán común es más bien descubrir un ser perseguido por tiránicos pensamientos, ansiedades e inquietudes, agobiado, co-

> *ceando bajo el látigo, o quizá jactándose de correr alegremente su obediencia a un conductor que maneja las riendas y le dice que es libre, con quien no podemos conversar libremente, porque la extraña presencia está siempre vigilando.*[1]
>
> EDWARD CARPENTER

G ran parte de aquello que nos agobia se inscribe en la bóveda de nuestro cráneo y habita en las profundidades de nuestro cerebro. Lo exterior es puramente la oportunidad de toda tristeza, la ocasión del duelo, de la satisfacción o del regocijo. Los acontecimientos exteriores representan, para la vida del alma, algo así como la materia bruta, que ha de ser modelada por la "forma plástica" emanada de la sustancia viva del artista.

Es así como lo que determina, en efecto, las reacciones del hombre para con el ambiente no es "el mundo en sí", no lo son nunca las cosas tal como son en sí mismas. Prueba de ello es que el mismo acontecimiento puede ser considerado por un individuo como un hecho por demás excelso y reputado por otro como una calamidad o, más modestamente, como una desventura.[2] Ahora bien,

---

[1] "From Adam's Peak to Elephanta", citado en: Ramacharaka, *Serie de lecciones sobre Raja Yoga*, traducción de Federico Climent Terrer, Buenos Aires, Kier, 1993, p. 33.

[2] Considérese, por ejemplo, la designación para la ocupación de un cargo público. Para Marco Aurelio, el ejercicio imperial pa-

bajo esta hipótesis, el hecho es objetivamente el mismo. Pero, ¿cuál de ambos hombres tiene razón? ¿Cuál es la interpretación del fenómeno más verdadera? ¿Tiene sentido hablar de un "más" o de un "menos" al ocuparnos de la verdad?

Avanzaremos de a poco, y solamente nos será dado esbozar aquí algunas soluciones provisionales. El "más" y el "menos" no existen en la aserción, en el juicio lógico, que expresa un determinado estado de la realidad; pero sí existe, podríamos pensar, en el proceso psicológico y vital en tanto se aproxima el sujeto a un cierto conocimiento. El individuo se torna, de este modo, más verdadero al aproximarse a la verdad. En este sentido, nos será posible comprender el modo en que una individualidad, una existencia insustituible y concreta, puede llegar a ser más auténtica

---

rece haberse ejercido como una aceptación del deber y un servicio, por demás ingrato, a la humanidad necesitada de auxilio. Su disposición interior se nos muestra, en todo, como procurando un modo de vida que le fuera sistemáticamente negado, al modo de un "lugar natural" del que hubiera sido arrojado con violencia. El modo de vida filosófico, empero, como es evidente, sería considerado por la inmensa mayoría de las personas como una regulación racional desagradable y una suerte de yugo insufrible. ¡Justamente ella que expresa, en toda su pureza, el modelo de la vida libre! Para la consideración general, el imperio, la magistratura suprema de la mayor potencia del mundo, es un bien que si no es perseguido por un sujeto es porque no le es posible —en un sentido intelectual más o menos sano— aspirar a alcanzarlo. El imperio sobre la propia persona, contrariamente, en virtud de su exigüidad y sobre la base del escaso número que lo pretende, parece ser el bien más despreciable y cuya persecución se encomienda a los incapaces...

que algún otro ser humano cualquiera. La *profundidad vital* de una personalidad consiste, precisamente, en una cualificación diferencial por la cual el alma se sumerge en la sustancia de lo verdadero, absorbiendo la multiplicidad policromada de sus expresiones diversas.

En este punto, estamos en condiciones de responder –desde nuestra postura– al segundo de los interrogantes, sosteniendo que la interpretación más verdadera ante un determinado hecho es la más profunda, siendo a su vez la interpretación más profunda aquella que arraiga en una actualización más completa de las potencialidades del hombre, en el desarrollo de un carácter más rico, complejo y depurado.[3] De esta suerte, desde

---

[3] Esta aptitud de recoger una serie de perspectivas diversas en la operatividad de un acto comprehensivo unitario puede relacionarse, con claridad, con el "don de la impersonalidad" de un Amiel. Quienes han hecho suyo este don –ya sea por motivo de un natural privilegio o de un trabajo tenaz que sigue a una elección personal– son los únicos que pueden olvidar momentáneamente el punto de vista limitado de su propia personalidad, habitar transitoriamente en otras organizaciones y "robarles" así su secreto, asimilándolo luego al haber de su sustancialidad específica. De acuerdo a Ortega, un signo promisorio de la época en que dio su conferencia "Para un museo romántico" (en 1921; y luego incluida en el volumen VI de *El espectador*) sería la mayor amplitud y desarrollo de este hábito de "trashumancia espiritual". Lo cierto es que, si Ortega pudo expresar este aserto con sentido –en un intervalo de validez muy acotado– para su época, sería claramente equivocado pensar lo mismo de la que a nosotros nos toca. Nuestra época se caracteriza, contrariamente, por algo así como un estrechamiento progresivo, y cada vez más pronunciado, de la perspectiva visual, que ancla a su vez en una dimensión periférica de los con-

nuestra posición, enlazamos con la vieja tradición que considera a la virtud del hombre –la excelencia específica a su clase, designada en griego con el término ἀρετή (*areté*)– como el perfeccionamiento de su forma, como la modalidad de ser que le es más propia y que, como tal, se corresponde esencialmente con su naturaleza.

La verdad, en el hombre –ya lo hemos visto en el capítulo precedente–, es un correlativo gnoseológico de la libertad.[4] Una es la dimensión vi-

---

tornos espirituales que es capaz de abarcar la humana existencia. La inclusión de una cita de Ortega nos permitirá, por contraste con sus potencialidades, lograr una representación más adecuada de las posibles (y deletéreas) consecuencias de esta generalización intensiva de la perspectiva unilateral que se está operando en nuestros días: "Tal vez no podamos siempre concretar cuáles son las notas que la componen; sin embargo, las sentimos inequívocamente. 'Todo esto –decimos– es de una época'. Una época es ante todo, señores, un cierto pulso vital. Por fortuna va educándose en nosotros un misterioso poder de confundirnos transitoriamente con los módulos de vida más diversos, por decirlo así; de ponernos al compás de todos los pulsos vitales. Merced a ello podemos enriquecer nuestra existencia viviendo un momento otras distintas, y el temperamento más delicado será el más capaz de esa conmovedora transmigración por las vidas que pasaron. Cuando Empédocles decía: 'Yo he sido una vez águila y moza y pez mudo en el mar' sugería este imperativo de vida múltiple que siente dentro de sí todo corazón impetuoso" ("Para un museo romántico (conferencia)" en *El espectador*, Tomos V y VI, Buenos Aires, Espasa-Calpe, 1966, pp. 160-161).

4 Este aserto, por lo demás, puede hallarse claramente explicitado, aunque de una manera muy resumida y sintética, por el filósofo danés Sören Kierkegaard: "Desde el punto de vista intelectual el contenido de la libertad es la verdad y la verdad es la que hace al hombre libre. Por eso precisamente la verdad es

tal y otra la gnoseológica y especulativa. Un esclarecimiento de la realidad vital, una conceptuación existencial y realmente profunda de la verdad, supondrá, por lo pronto, una orientación reflexiva de la personalidad. La reflexión es algo así como una vuelta de la atención sobre el centro de sí mismo, suspendiendo temporariamente los modos de desarrollo vital anejos a la existencia cotidiana. Siguiendo estas consideraciones, enlazamos con las dos modalidades divergentes de existencia, designadas por el filósofo Ortega y Gasset con los términos de "ensimismamiento" y "alteración":

Pensando ese pensamiento, viviendo esa vida el hombre está en sí mismo, está ensimismado. Ni hay otro modo de ser el que efectivamente se es que ensimismándose, esto es, antes de actuar, antes de opinar sobre algo, detenerse un instante y en vez de hacer cualquier cosa o de pensar lo primero que viene a las

---

obra de la libertad, de suerte que ésta nunca deja de producir la verdad. Es claro que ahora no estoy pensando en las agudezas típicas de la filosofía novísima, la cual sabe a la perfección que la necesidad del pensamiento es también su libertad; y, en consecuencia, al mencionar la libertad del pensamiento, no hace más que hablar del movimiento inmanente del pensamiento eterno [hegelianismo]. Tales agudezas del ingenio sólo sirven para embrollar y dificultar la comunicación entre los hombres. Por el contrario, lo que yo digo es algo muy simple y sencillo, a saber, que la verdad solamente existe para el individuo en cuanto él mismo la produce actuando" (*El concepto de la angustia*, Buenos Aires, Libertador, 2006, p. 162, corchetes nuestros). Esta cuestión es desarrollada por nosotros más extensamente, y en forma más articulada y prolija, en *El juego de las oposiciones* (libro que saldrá pronto a la luz bajo esta misma editorial).

mientes, ponerse rigurosamente de acuerdo consigo mismo, esto es, entrar en sí mismo, quedarse solo y decidir qué acción o qué opinión entre las muchas posibles es de verdad la nuestra. Ensimismarse es lo contrario del vivir atropellado –en que son las cosas del contorno quienes deciden de nuestro hacer, nos empujan mecánicamente a esto o a lo otro, nos llevan al estricote. El hombre que es sí mismo, que está ensimismado, es el que, como suele decirse, está siempre sobre sí –por tanto, que no se suelta de la mano, que no se deja escapar y no tolera que su ser se le enajene, se convierta en otro que no es él.

Lo contrario de ser sí mismo, de la autenticidad, del estar siempre dentro de sí, es el estar fuera de sí, lejos de sí, en lo otro que nuestro auténtico ser. La voz castellana "otro" viene de la latina alter. Pues bien, lo contrario de ser sí mismo o ensimismarse es alterarse, atropellarse. Y lo otro que yo es cuanto me rodea: el mundo físico –pero también el mundo de los otros hombres–, el mundo social. Si permito que las cosas en torno o las opiniones de los demás me arrastren, dejo de ser yo mismo y padezco alteración. El hombre alterado y fuera de sí ha perdido su autenticidad y vive una vida falsa.[5]

El ensimismamiento de Ortega, correlativo a la noción de soledad –tal como él mismo la considera en sus reflexiones de *El espectador*–, es una instancia de depuración intensiva de la sustancia espiritual.[6] La energía reacciona sobre la propia in-

---

[5] "En torno a Galileo" en *Volumen II*, Madrid, Gredos, Colección "Grandes pensadores", 2014, p. 97.

[6] "La soledad, hora tras hora goteando sobre el alma, hace faena de forjador sobre ella. La soledad tiene algo de herrero trascendente que hace a nuestra persona compacta y la repuja. Bajo

terioridad, dado que la disciplina del espíritu le impide volcarse fuera de ella. Existe, de este modo, algo así como un trabajo interior por el cual el individuo se adueña de la verdad de su propia vida. Pero este trabajo, lejos de ser espontáneo, ha de suponer una ruptura y una interrupción de la dinámica vital. El individuo que retorna a sí desde el exterior sale del *extrañamiento*, deja de ser un extranjero o un desertor de su propio suelo. Entonces, y solamente entonces, habrá de ser capaz de percibir y apreciar el mundo desde una perspectiva novedosa, una que sea efectivamente *la suya*.

Aun más. En realidad, el ser humano que reflexiona se ha apropiado una multiplicidad de perspectivas diferenciadas. La profundización del espíritu atraviesa gran cantidad de estratos, que hacen las veces de "sedimento" del promontorio vital, desde donde despliega su visión una personalidad intensivamente laborada. Es así como, en su tránsito existencial, al individuo reflexivo le ha sido dado enriquecer su personalidad en la asimilación de una diversidad difícilmente mensurable de puntos de vista que, en cierta forma, conserva

---

su tratamiento el hombre consolida su destino individual y puede salir impunemente a la calle sin contaminarse por completo de lo público, mostrenco, endémico. En el aislamiento se produce de manera automática una criba y discriminación de nuestras ideas, afanes, fervores, y aprendemos los que son de verdad nuestros y los que son anónimos, ambientes, caídos sobre nosotros como la polvareda del camino" (José Ortega y Gasset, "Socialización del hombre" en *El espectador*, Tomos VII y VIII, Buenos Aires, Espasa-Calpe, 1966, p. 224).

en las honduras de sí mismo como constituyentes superados por su nuevo estado, por el acto ontológico específico desde el que actualmente se apropia de la existencia. Por eso creemos que la perspectiva del sujeto ensimismado, el único que representa un tipo humano genuinamente profundo, es la perspectiva privilegiada y, si no se nos permite decir que esta habite en la verdad, se nos permitirá seguramente el afirmar que este es el individuo que se aleja más que ningún otro del error y la unilateralidad.

La visión suscitada en la reflexión se resuelve en una *intuición*, una contemplación directa, de una verdad que se nos torna patente. La sistematización de las intuiciones relativas a la vida y al mundo en torno forma parte de la tradición filosófica más auténtica. Ahora bien, así como toda observación es desarrollada desde determinado punto de vista, lo mismo ha de suceder con las intuiciones. Existen intuiciones más o menos preciosas y fecundas. Las filosofías se cualifican, esencialmente, en virtud de la profundidad del punto de vista que las anima. De aquí que la viva trivialidad con que se nos aparecen los desarrollos filosóficos contemporáneos dependa, en última instancia, de la superficialidad presentada por el sujeto que los sustenta. La causa mediata, empero, radica en un insuficiente trabajo interior y un ensimismamiento defectuoso en la sustancia de la propia personalidad, llevando al rechazo y la falta de aceptación de su vocación particular.

Una filosofía genuinamente esclarecedora de la vida debe ser profunda, reflexiva y vital. Como las meditaciones del filósofo estoico Marco Aurelio, ella nos conminará, ante cada situación, incansablemente a la tarea reflexiva; y nos exhortará de un modo similar al que sigue:

> Observa atentamente qué reclama tu naturaleza, en la convicción de que sólo ella te gobierna; a continuación, ponlo en práctica y acéptalo, si es que no va en detrimento de tu naturaleza, en tanto que ser vivo. Seguidamente, debes observar qué reclama tu naturaleza, en tanto que ser vivo, y de todo eso debes apropiarte, a no ser que vaya en detrimento de tu naturaleza, en tanto que ser racional. Y lo racional es como consecuencia inmediata sociable. Sírvete, pues, de esas reglas y no te preocupes de más.[7]

Las expresiones del emperador romano nos aproximan a una perspectiva filosófica sorprendentemente contemporánea. Para la moderna axiología (o teoría de los valores), la bondad moral de una acción no estribará tanto en el objeto elegido, sino más bien en el respeto estimativo a una dada jerarquía de valores. Quien se orienta hacia lo inferior despreciando un bien axiológicamente superior, actúa de modo injusto. Quien respeta en su conducta la estructura jerárquica del valor, obra con justicia.[8] Es así como Marco Au-

---

[7] Marco Aurelio, *Meditaciones*, X 2, traducción de Ramón Bach Pellicer, Madrid, Gredos, 2017, p. 178.

[8] "Frente a los valores y su jerarquía, ¿qué es lo que distingue una conducta ética de otra que no lo sea? La conducta moral será, naturalmente, en estas éticas una conducta conforme a va-

relio aconseja seguir los intereses e inclinaciones de la humana naturaleza, en tanto y en cuanto ello no conspire en contra de los intereses del ser humano en tanto que ser vivo. En otros términos, no es justo que el hombre actúe de modo tal que, siguiendo un interés de orden inferior, altere el equilibrio saludable de su constitución biológica. A su vez, el hombre debe actuar en todo de acuerdo a sus inclinaciones e intereses en tanto que ser vivo, pero se obra de manera injusta en cuanto esta conducta entra en conflicto con la naturaleza del individuo esencialmente especificado en tanto que ser racional.

De este modo se perfilan, de manera nítida, tres esferas diferentes del valer. El orden inferior corresponde a los objetos agradables o placenteros, el orden intermedio a todo lo que colabore con la adecuada conservación de la organización biológica (como, por ejemplo, llevar una correcta alimentación, realizar actividad física periódicamente, etc.), y el orden superior corresponde a aquellos valores racionales que nos son específicos (como la adquisición de la libertad y la búsqueda de la verdad).[9] Ahora bien, esta perspectiva jerár-

---

lores y será una conducta que estará dada por la preferencia de los valores superiores y la subordinación de los valores inferiores. De este modo, en la conducta inmoral sucederá a la inversa: se preferirán los valores inferiores y se pospondrán los superiores" (Vicente Fatone, *Lógica e introducción a la filosofía*, Buenos Aires, Kapelusz, 1969, p. 319).

[9] Esta postura fue la que —contra las concepciones cientificistas entonces dominantes, y en recepción directa de las contemporáneas teorías de la axiología elaboradas en Europa— hizo suyas y

quica de orientación de las actividades volitivas puede considerarse tanto desde un aspecto subjetivo como desde uno objetivo. Desde una consideración subjetiva, llegaremos a la perspectiva platónica de la adecuada estructuración de los principios psíquicos, donde el principio racional domine al irascible y ambos al concupiscente. Mientras que, desde una perspectiva objetiva, arribaremos a una cierta *ética de bienes* que, despojada del carácter más burdamente concreto de la actividad, puede ser esclarecida —a grandes líneas y desde un punto de vista formal— en acuerdo armónico con la moderna teoría de los valores o axiología.

En relación al valor, es posible distinguir determinados aspectos que podrían llegar a ser relevantes. Existe un carácter *objetivo* del valor, asociado al bien; por otro lado, existe un acto concreto de valoración, una estimación, por parte de un individuo particular; y, finalmente, un reconocimiento *subjetivo* y diferencial del valor, en virtud de las particularidades de la estimación efectivamente llevada a cabo por cada uno de los individuos. Los caracteres, de este modo, divergirán de manera fundamental, si no en las estimaciones genera-

---

expuso, de manera magistral, el médico y alienista argentino Alejandro Korn. En efecto, para él, "no es la lucha por la existencia el principio inmanente, sino la lucha por la libertad; a cada paso, por ésta se sacrifica aquélla. La libertad deviene. Del fondo de la conciencia emerge el yo como un torso: libre la frente, libres los brazos, resuelto a libertar el resto" (*La libertad creadora*, Buenos Aires, Claridad, 1963, pp. 71-72).

les y más abstractas que carecen de implicancias prácticas, en el modo subjetivo de reconocimiento del valor y en la respectiva disposición de los mismos dentro de una dada jerarquía axiológica, tal como las acciones concretas de los hombres parecen atestiguarlo.

El modo de estimar se produce, en gran medida, de una forma más o menos espontánea y se encuentra en dependencia con determinadas estructuras fundamentales de interpretación de la vida. El modo en que cada individuo ha llegado a adquirir estas estructuras mentales, que condicionan sus estimaciones, es infinitamente variable y no hace aquí detenernos en esta temática. Lo importante, en este caso, es que dicha estructura –dependiente de un carácter– puede llegar a nosotros de un modo eminentemente fortuito, además de acrítico e irreflexivo. Por ello las estimaciones efectivas de los hombres presentarán un carácter diferencial: entre ellas las hay más o menos estimables, más o menos profundas, más o menos verdaderas. Estos modos de interpretar y valorar la realidad dependen, entonces, de ciertas representaciones que dominan, en una determinada individualidad, la consideración de las cosas.

Por ello, los más grandes pensadores recomiendan, antes de lanzarse con las garras del águila cognoscitiva sobre el mundo, como si este fuese una presa expectante pronta para ser aprehendida por nuestra inteligencia, la realización de un trabajo interior, que podríamos denominar casi como *ascético*[10]. El dominio sobre nuestras representaciones —una divisa fundamentalmente estoica— es la herramienta que desbroza el camino de la libertad y, a través de ella, también de la felicidad. Es por ello, por orientarse hacia la adquisición de la *felicidad* —que estas perspectivas consideraban como un bien supremo—, que estas éticas eran consideradas como *eudaimonistas*, esto es, buscadoras de la felicidad (de la *eudaimonía*).[11]

---

[10] "Recuérdese que la más exacta traducción del vocablo ascetismo es 'ejercicio de entrenamiento', y los monjes no han hecho sino tomarlo del vocabulario deportivo usado por los atletas griegos. Askesis era el régimen de vida del atleta, llena de ejercicios y privaciones" (José Ortega y Gasset, "El origen deportivo del Estado" en *El espectador*, Tomos VII y VIII, p. 72).

[11] Ejemplo clásico de una *ética eudaimonológica* es la de Aristóteles. Para él, "el *bien*, objeto de la ética es el bien supremo. Es cierto que todo lo que los hombres hacen lo hacen para obtener algún bien, y es cierto, también, que muchos son los bienes. Pero si existiera algo querido por sí mismo, dice Aristóteles en la *Ética nicomáquea* —que es el más importante de sus tratados sobre el tema—, y si ese algo no fuese querido como simple medio para obtener otro bien, sino que, al contrario, todos los demás bienes fuesen queridos por él, entonces sería ése el fin último de nuestras acciones y ese fin último sería no sólo un bien sino el soberano bien. Y 'el conocimiento de ese bien resultará lo más importante para la vida humana, pues en posesión de él, como arqueros que apuntan a un blanco, alcanzaremos mejor lo que corresponde hacer. Ese bien final, último, autosuficiente, es la felicidad, la *eudaimonía*'. Esa felicidad es, por supuesto, una felicidad humana y consiste en la acabada y plena realización —según perfección o virtud (*areté*), dice Aristóteles— de una cierta actividad del alma, actividad que es propia y distintiva del hombre" (Fatone, *Lógica e introducción a la filosofía*, pp. 307-308).

Llegados a este punto de nuestro trabajo, puede que el lector sienta interés por conocer, pero no alcance del todo a comprender, cuál es el sitio al que conducen todas estas reflexiones. Mas le haremos ver que es una "prueba de toque" de la veracidad de determinada postura el hecho de poder confirmar cada una de sus aserciones desde consideraciones diferentes, partiendo de posiciones aparentemente autónomas y con movimientos racionales precisos. Y es que los objetos de la realidad no se nos presentan nunca en el aislamiento. Todo suceso o entidad se encuentra vinculado a los demás por una complejidad inabarcable de relaciones, dado que el universo constituye un sistema total que integra a todos los subsistemas parciales.[12] Por ello, aun sin continuaciones ulteriores, el lector podrá formarse una impresión personal y fundada del valor de nuestras ideas tomando en cuenta si las nociones "cierran": si se

---

[12] Estas ideas son explicadas de un modo más adecuado por el lógico polaco Bochenski. En efecto, en *Los métodos actuales del pensamiento*, él nos dice que "cuando un ser está constituido de una determinada manera, por ejemplo, cuando una cosa es roja o una figura geométrica tiene una superficie dos veces mayor que otra, nos encontramos con una configuración de la cosa: la cosa en el más amplio sentido, que es el ente, se comporta y es de ésta o de la otra forma. Las configuraciones (Sachverhalte) no son independientes unas de otras. Es más que frecuente que, *si* una configuración existe, *se dé* otra también. El mundo puede ser pensado como un conjunto de configuraciones. Más aún: el mundo es en sí mismo una configuración enorme, desarrollada en sumo grado, en el que todo lo que es o puede ser, está unido a lo demás por una serie infinita de relaciones" (traducción de Raimundo Drudis Baldrich, Madrid, Rialp, 1962, pp. 18-19).

acomodan armónicamente de un modo natural y si los hechos no son violentados, alterados o deformados para inscribirse efectivamente en los esquemas mentales previamente elaborados –y aquí presentados–. Aunque, no obstante y más allá de estas últimas consideraciones, esperamos que lo someramente bosquejado resulte de algún interés adicional para aquellos que atiendan a los detalles hasta ahora expuestos.

La libertad (positiva) se muestra operativa en la posibilidad de hacerse dueño de las propias representaciones. Por esta vía, la libertad se vincula a la felicidad, al mismo tiempo que a la objetividad y la verdad. Ahora bien, este estado del alma en el cual consiste la libertad decimos que representa la perfección específica del ser humano. Por lo tanto, en ella han de encontrarse también las virtudes. En efecto, aun para la consideración platónica, atenta a la estructura interna del alma, las virtudes eran correlativas a un estado de ordenamiento correcto de los principios anímicos. Las cuatro virtudes cardinales se relacionan, una a una, con cada uno de los tres principios psíquicos, y la virtud restante con el adecuado ordenamiento del conjunto. Es así como la *templanza* se relaciona con el principio concupiscente, el *valor* con el principio irascible y la *sabiduría* con el intelectual. En tanto que la *justicia* es la virtud que hace al correcto equilibrio de los principios de que consta la estructura jerárquica del todo anímico.

Ahora bien, del conjunto de las llamadas *cuatro virtudes cardinales*, vamos a ocuparnos –con Osvaldo Loudet– del *valor*; y, de un modo más concreto –dado que es posible considerar la virtud a través de las situaciones que la requieren–[13], del valor ante la situación que pone término a todos los acontecimientos. Nos ocuparemos, por tanto, y nuevamente de un modo breve, del *valor del hombre ante la muerte*.

Con respecto a esta virtud, nos declara Loudet que esta es una fuerza que nos incita a afrontar los peligros. Claramente, la muerte aparece como la culminación de todos los terrores, toda vez que

---

[13] La clasificación de las virtudes en relación a las situaciones y a las pasiones que en cada caso dominan en el individuo es propia de la postura ética de Aristóteles. Así, por ejemplo, el *valor* representa un *término medio*: ante una determinada situación más o menos peligrosa (y relacionada con la pasión del miedo), las actitudes extremas –opuestas a la virtud– habrán de ser la temeridad y la cobardía. No obstante, ambas se oponen a la auténtica valentía que, dependiente de la *prudencia*, determina una conducta ponderada y racional. Dada la diversidad fundamental en la consideración aristotélica, creemos que su concepción del "término medio" no es necesariamente contradictoria –y sí más bien complementaria– con la platónica, dado que la perspectiva es efectivamente diversa. En efecto, en tanto que la ética de Aristóteles considera las situaciones y las virtudes son caracterizadas en términos de los hábitos (conformados por acciones), la perspectiva platónica reconduce la consideración hacia las condiciones internas: el equilibrio anímico en que anclan y encuentran sustento dichos hábitos, dando cuenta al mismo tiempo –en virtud de la reestructuración dinámica del equilibrio anímico– de cómo es que estos hábitos se constituyen en dependencia directa con los esfuerzos y la tenacidad del individuo, ejercitado en acciones concretas.

la misma acaba con la posibilidad de ulteriores realizaciones. Es de este modo que, al pensar en ella, puede experimentarse algo así como el vértigo suscitado por las extensiones inabarcables y los espacios amplísimos. Aun así, el valor, sea de la especie que fuere, nos induce a sacrificar la vida e internarnos resueltamente en el abismo cuya superficie oscura no logra ser penetrada por la visión.

El amor otorga un horizonte y sus aspiraciones inflaman la valentía. Esto último puede comprobarse, de acuerdo a Loudet, en ese amor que resume en sí mismo tantos otros, como lo es el amor a la patria. Por el cariño entrañable a la tierra y al ideal de la nación, el hombre se resuelve a arriesgar la vida, valientemente, en una partida inexorablemente cruel y de resultado mil veces incierto. Es este un amor compatible con el afán de gloria, el mismo que repele las cavilaciones y ahuyenta la cobardía. Con respecto a este fenómeno, las dos grandes guerras del siglo XX nos proporcionan testimonios invaluables y documentos preciosos. Confesiones, diarios, cartas o narraciones de testigos: existen infinidad de confidencias a favor del arrojo dispuesto a perderlo todo, a sacrificarlo todo, a sufrirlo todo; excepto la deshonra. Allí podrá comprobarse cómo el valor es capaz de resolverse a aceptar la orden, saltar de la trinchera y avanzar, a través del barro, hacia el fuego de la metralla. El valor se abandona hacia el destino, y el temor es obligado a rendirse ante la voluntad del guerrero y el corazón del soldado. Estas son algunas verdades tristes que, en medio de la devastación, expresan la sagrada nobleza de su sino trágico:

> En el carnet de ruta de un oficial de alpinos, durante la primera guerra, existe esta anotación: "Nosotros sentimos la necesidad de someternos a la fatalidad. ¡Cuánta razón tenían los antiguos de impregnar de fatalidad el destino de los hombres! Aprender a despreciar la muerte, he aquí la primera palabra de nuestro breviario. Llegamos a persuadirnos que en el fondo no es dolorosa, sino para aquellos que dejamos y no dejan de amarnos".[14]

De este modo nos es claro, a partir de las consideraciones del médico argentino Osvaldo Loudet, cómo la virtud del *valor* es capaz de vencer el temor a la muerte. El respeto a la jerarquía de valores impone rechazar lo inferior en función de lo superior. La virtud del alma, el respeto a los valores superiores de la libertad y la protección de la patria, el amor a nuestros parientes, conciudadanos y amigos, nos exhorta a apostar la vida en una empresa arriesgada. El hombre, dominado por el valor, se convierte en una fuerza portentosa, dispuesto a soportar todas y cada una de las pruebas. El valor de una multitud innúmera, consignado en los anales del mundo, así lo ha atestiguado. En la guerra, por uno u otro motivo, el individuo se apresta a ser aplastado por fuerzas inmensas, aceptando el destino señalado del sacrificio de su

---

[14] Osvaldo Loudet, "El miedo a la muerte y la prolongación de la vida" en *Filosofía y medicina*, Buenos Aires, Emecé, 1977, pp. 121-122.

vida. Se percibe aquí un algo que nos recuerda los colores extraños de un universo desaparecido. El *fatum*, el destino tejido por una divinidad misteriosa, es una potencia a la que el soldado debe someterse si no quiere ver despedazado, no ya su cuerpo, sino su honor junto a lo más valioso de su ser anímico.

Es así como el ser humano puede sobreponerse al temor ante aquella situación que pone término, para él, a todas las otras situaciones. Es de este modo como Loudet, a través del valor militar, nos muestra una de las vías por las cuales el hombre puede desprenderse del miedo a perder la vida. Decimos que se trata de una sola de *las vías*. Ya hemos visto cómo existen otras, y algunas no tienen nada de recomendables: el fanatismo, la embriaguez, y aun el odio, son también capaces de dominar este miedo.

En última instancia, la estimación del hecho de la muerte depende de la concepción global que constituya, en cada individualidad, la interpretación fundamental acerca de la vida, el universo y la realidad. Loudet constata, por ejemplo, que los creyentes de las distintas religiones mueren sin miedo. Lo mismo sucede con los que no creen: también ellos pueden morir tranquilos, puesto que, según su opinión, la función que cumple la religión es sobre todo la de constituir un consuelo para los seres humanos. Incrédulos o creyentes, si son sinceros, deberán preguntarse al menos alguna vez si han estado (o no) equivocados. De una u otra forma, certera o errada, y sea la que fuere la fe que cada uno sustente, la religión otorga efectivamente una especie de seguridad que despide el miedo. El eminente médico sospecha, de este modo, una suerte de fe también en los incrédulos. Una fe que acaso ellos mismos ignoren, pero que habría de revelarse en el momento apropiado. Así y todo, cabe observar que aquellas individualidades que sostengan un escepticismo consecuente son por demás difíciles de hallar, dado que el ser humano tiende más naturalmente a afirmar la verdad o falsedad de las cosas antes que a recoger los elementos de prueba, ponderar escrupulosamente su valor relativo y reflexionar sobre ellas. Todas estas consideraciones autorizan a nuestro médico de almas y acreditado ensayista a sostener que:

El miedo a la muerte, cuando existe, si existe, es en su esencia el miedo a lo desconocido, el miedo al misterio. Los que la temen, decía Montaigne, presuponen conocerla y no la conocen. Hay otra pregunta que se hacen los hombres después de un largo existir: ¿La vida es un premio, es una gracia, es un sacrificio, es una condena? Cada uno contestará la pregunta según su vida. Es probable que sea simplemente una prueba.[15]

La consideración de la vida como una prueba recuerda, de un modo sorprendente, a la concepción de los antiguos pensadores estoicos.[16] Es así

---

[15] Loudet, "El miedo a la muerte y la prolongación de la vida", p. 125.

[16] Escribe Séneca: "Dios tiene para con los buenos ánimo paternal, y cuanto más apretadamente los ama, los fatiga, ya con obras, ya con dolores y ya con pérdidas, para que con esto co-

como, de acuerdo a Loudet, *la prueba de la vida* culmina con el examen en el que nos despojamos de nuestro cuerpo. Mas lo interesante del examen no es que consista en una cuestión meramente burocrática, es que sirve como una instancia más de aprendizaje, y guía del desarrollo intrínseco del sujeto. Por medio de la escarpada vía de la prueba se nos deja, veladamente, hacernos dueños de un gran favor. Por el sendero de la prueba y el desarrollo de la personalidad, la muerte es también una *gracia* y el principio de un descanso reparador. Por estos caminos Osvaldo Loudet es capaz de abordar nuevamente la cuestión de la muerte y la problemática relativa a la licitud (o no) de terminar con nuestra vida, así como también la de cuáles son las circunstancias que justificarían hacerlo.

Con respecto a esta última cuestión, nuestro autor considera que, en las enfermedades dilatadas y dolorosas, la muerte debe ser vista, sin lugar a dudas, como una gracia. Nos refiere casos de

---

bren verdadero esfuerzo [...]. La felicidad que nunca fue ofendida no sabe sufrir golpes algunos; pero donde se ha tenido continua pelea con las descomodidades, críanse callos con las injurias sin rendirse a los infortunios; pues aunque el fuerte caiga, pelea de rodillas. ¿Admiraste por ventura si aquel Dios grande amador de los buenos, queriéndolos excelentísimos y escogidos, les asigna la fortuna para que se ejerciten con ella? Yo no me admiro cuando los veo tomar vigor, porque los Dioses tienen por deleitoso espectáculo el ver los grandes varones luchando con las calamidades" ("De la divina Providencia" en *Los siete libros de la sabiduría – El libro de oro*, traducción de Pedro Fernández Navarrete, Barcelona, Edicomunicación, 1999, pp. 22-23).

guerra y "asesinatos" guiados con el fin de acabar con el tormento. Un código frío e implacable, que no tiene en cuenta la realidad del dolor, es una letra escrita en hielo. La ley (religiosa o del Estado), antes que obligar, debe ser razonable y estar fundada en criterios humanitarios. Una ley sorda que condene sin atender razones, antes que suscitar respeto, resulta una instancia aberrante forjada con la intención de producir miedo. No existen razones para condenar cruelmente al tormento, sin el resguardo de ninguna esperanza y desatendiéndose completamente el punto de vista del interesado más directo.

En *Utopía*, Santo Tomás Moro proponía un Estado regido por la racionalidad, donde se aseguraba un tratamiento a todos los dolientes. Pero, cuando la enfermedad era fuente de tormentos y el curso aparecía como irrevocable, el paciente tenía la opción de requerir que se le facilite una forma de muerte menos dolorosa. Pocos años después de la propuesta del pensador inglés en el Renacimiento,

Ambrosio Paré, el más grande cirujano del siglo XVII, aquel que sustituyó el hierro candente para cohibir las hemorragias por un hilo de seda para cerrar los vasos,[17]

---

[17] "Ambroise Paré [1510-1590] se percató de que las heridas de arcabuz, en vez de 'curarse' con aceite hirviendo, podían ser tratadas con mayor benignidad mediante yemas de huevo, *huile rosat et terebenthine*, procedimiento que descubrió al azar, después de cierta batalla, cuando ya no disponía de aceite de sambuco para 'curar' las heridas de los soldados [...]. En 1545 apareció el primer tratado de Paré intitulado *Método para tratar las*

relata esta escena en su libro *Apologies et voyages* publicado en 1536: "Penetré en un establo donde encontré cuatro soldados gravemente heridos apoyados unos sobre otros, horriblemente mutilados. Estaban moribundos. Mirándolos con piedad sobrevivía un viejo soldado que me preguntó si podían ser salvados. Le dije que no. Entonces se aproximó a ellos y suavemente les cortó la garganta. Viendo este terrible acto le dije que era un mal hombre y me respondió que rogaba a Dios que si se encontrase en iguales condiciones, alguien hiciera lo mismo con él". Son innumerables los casos de heridos en la guerra que claman para ser ultimados y encuentran compañeros o médicos que le otorgan esta "gracia de la muerte".[18]

La "gracia de la muerte" se asocia al "derecho a morir", pero también a la intervención de terceros en la precipitación del desenlace; lo que nos recuerda a la práctica de "despenar", de la que ya hemos tratado a propósito de las ideas de Ingenieros. En este punto, la cuestión nos sale al paso nuevamente de forma directa. En efecto, ¿cuándo le es lícito a un médico liberar del sufrimiento a un paciente, precipitando de ese modo el desen-

---

heridas de arcabuz, etc., etc. En sus obras puede apreciarse un profundo sentido humanitario ante el dolor del paciente. El cirujano, deseoso de compensar de algún modo los efectos del cruel bisturí, ingenió mecanismos ortopédicos para suplir la ausencia de los miembros amputados. Efectivamente, Paré pensaba en todo según expresión que se repite con frecuencia en sus tratados: *Je le pansay jusqu'au bout, et Dieu guarit"* (Juan García Font, *Historia de la ciencia*, Barcelona, Danae, 1974, pp. 220-221, corchetes nuestros).

[18] Loudet, "El miedo a la muerte y la prolongación de la vida", p. 126.

lace que ponga término a su vida? La resolución de esta problemática —que ya hemos esbozado— se asocia a la de esta otra: ¿cuándo puede un tercero intervenir, lícitamente, en la precipitación de la muerte del sujeto?

Cuando al paciente no le es lícito morir, cabe suponer —y esto ya ha sido expresado en términos parecidos en capítulos previos— que no es lícita ninguna intervención por parte de otros individuos. De aquí se sigue que sí pueden intervenir otros individuos, "ayudando" a un hombre a morir, solamente en el caso de que a este último le sea lícito terminar con su vida —en otros términos, es esta una condición necesaria, mas no por ello suficiente, para expresarnos en términos lógicos—. Pero ya hemos visto que *lo lícito* se dice desde determinadas perspectivas no necesariamente coincidentes: una es la licitud ética, otra la legal y, vinculada a ambas, se encontrará la licitud profesional.[19] Por todas estas cuestiones, la evaluación ética de la práctica de despenar —ya sea realizada de un modo más o menos informal o profesionalmente— termina por encontrar un sustento fundamental en la cuestión cardinal relativa a *en qué condiciones, y bajo qué respectos, le es lícito a un hombre salir de la vida.*

---

[19] En rigor, podrían encontrarse otros aspectos desde los cuales puede considerarse *lo lícito*. Mas entendemos que su contemplación complicaría excesivamente los desarrollos de este libro sin realizar un aporte sustantivo que contrapese las dificultades así añadidas.

Por nuestra parte, creemos –con Loudet– que diversa es la consideración que debe regir al hombre en la salud y en la enfermedad. Diversa también habrá de ser la consideración dependiendo de la situación del enfermo, el pronóstico y las circunstancias que acompañan al tratamiento. Existen condiciones que fundan de un modo nítido nuestras intuiciones básicas, que hacen que la evaluación del sujeto que despena se aproxime más a la de un sombrío servidor de una tarea ingrata antes que a la de un criminal ordinario del que es necesario proteger a la sociedad.

Es así como la cuestión de la "piedad homicida" vuelve a salirnos al paso. Esta cuestión admite una doble vertiente: una informal, asociada a las costumbres tradicionales y al paisaje patrio; y otra formal y más bien profesional. De ambas se ocupa José Ingenieros, y nos refiere la máxima frecuencia que adquiere esta práctica en tiempos de guerra. Todos estos elementos, y aun otros, serán finalmente reunidos en el más trágico de los relatos recogidos por Osvaldo Loudet y que hacen a la historia, tantas veces ignorada, de nuestra propia tierra.

Es este un relato tristemente verídico digno de haber sido elaborado por la sustancia que tornaba eternas las elaboraciones del genio de Esquilo, Sófocles o Eurípides. Las Moiras elevan sus formas misteriosas, tejen el destino y fulminan con su mirada –la misma que petrifica el universo desde profundidades insondables a las que ningún Dios accedió jamás– un paisaje salpicado en sangre y devastado por la batalla. Las trompetas convocan a la muerte como si se tratara de un concierto de desolación. Se trata de un episodio de la Guerra del Paraguay, en la batalla de Humaitá. El padre, al frente del cuerpo médico, buscaba la ocasión de salvar vidas o de aliviar algún que otro sufrimiento. El hijo, en tanto, avanzaba en las primeras líneas, valerosamente, como guía y vanguardia de su regimiento.

> Cuando terminó la lucha avanzó a caballo el médico, entre los caídos en el campo de batalla buscando a su hijo. Escuchó de pronto el grito de la criatura que pedía ser ultimado. No era posible salvarlo y sufría horriblemente. Descendió de su caballo y puso el revólver al alcance de su mano. Luego se alejó lentamente. Sintió de inmediato un pistoletazo. Era el hijo que se había suicidado. Este hombre era el doctor Francisco Javier Muñiz.[20]

Es este el gran médico, prócer de la medicina nacional, paleontólogo, hombre de ciencia, sabio y varias veces decano de la Facultad de Medicina, que más tarde habría de morir en la heroica norma en la que vivió: atendiendo devotamente a los enfermos aquejados de fiebre amarilla en la epidemia de 1871.[21]

---

[20] Loudet, "El miedo a la muerte y la prolongación de la vida", p. 127.

[21] En relación a la causa que precipitó su deceso, creemos que no está de más recordar —o poner en conocimiento de quienes no hayan frecuentado la zona sur de la Ciudad de Buenos Aires— el hecho de que, precisamente, frente al hospital que hoy lleva su nombre, en el barrio de Parque Patricios —y en los que

Osvaldo Loudet termina el relato con una consideración incuestionable: ¿quién sería capaz de alzar su voz contra el médico humanitario y la desgarradora decisión del devoto padre de familia? Se trata esta de una eutanasia de liberación que enaltece a aquel que la practica. En este acto, ¡fue él mismo, contra su voluntad, quien debía convertirse, de allí en más, en un muerto en vida! Pero ahí donde los ojos humanos nada en especial veían, el destino había elegido, había petrificado el devenir del universo y clavado fijamente su mirada: otra alma de guerrero había recibido su llamada.

Para el héroe trágico ya no habrían de regir más que excepciones. Es así como, más tarde, cuando en su acción de servicio devoto hallaba la muerte, en combate con la enfermedad, el viejo médico acaso pudo llegar a percibir —o quizás solamente adivinar— que, así como el polvo arrojado al viento, la vida humana se esparce a través de los abismos del aire. Las generaciones se renuevan, como la fronda, y cada uno de los murmullos, cada una de las alegrías, secretos, lágrimas, sonrisas y dolores, todo sería olvidado, del mismo modo que las hojas arrancadas por el viento y esparcidas por el llano. Todo nombre se

---

fueran los antiguos terrenos pertenecientes a la residencia de la familia Escalada—, podemos encontrar emplazado (en el centro del Parque Ameghino, ex Cementerio del Sur) un monumento erigido en homenaje a los caídos en el deber durante la epidemia de fiebre amarilla que asoló a la ciudad en las postrimerías del siglo XIX.

halla sellado y ninguna voz volvería jamás a escucharse. En efecto, es ese el destino que aguarda a todo lo que vive, y no habría de escapar a ello la realidad menesterosa del ser humano. Pero el elegido de la eternidad vive en una dimensión en que lo ha colocado un decreto insondable.

Abismos estos ante los que no se inclinan los dioses más que escoltados por el respeto y sobrecogidos por una suerte de terror reverente...

CONCLUSIONES

En todos nuestros procesos nos jugamos la vida, así como todas las sentencias son para nosotros sentencias de muerte.[1]

Oscar Wilde

El terrible movimiento de Muñiz, acercando el instrumento mortífero con el que habría de encontrar final la vida de su hijo, parece haber sido inscripto en las páginas de nuestra historia con una lúgubre tintura destilada de amargura, de honor y de sangre, de desgarros y de angustias recónditas.

Este movimiento, eternizado para la consideración ética y profesional por el médico argentino Osvaldo Loudet, bien podría haber sido escrito por Joseph Conrad, el gran literato polaco e inglés. ¡Joseph Conrad, el hombre que sondeó los abismos más profundos del alma, quien supo dar el último paso; aquel que, una vez atravesada aquella grave penumbra, acercó el oído y auscultó el corazón palpitante de las tinieblas victoriosas!

---

[1] *De profundis*, traducción de Enrique Campbell, Barcelona, Edicomunicación, 1995, p. 183.

¡Joseph Conrad escribió esta historia! Es la misma de Tomassov, el joven oficial ruso que, con un nudo en el alma, debía asesinar aquello que admiraba con ternura. ¡Y así eternizó la devoción por su amigo y por su amada! Porque el amor no se consuela con algo distinto a la eternidad. Y el amor por la eternidad, como todo amor, exige también un sacrificio portentoso; esfuerzo que parece, a ratos, muy por encima de lo que puede llegar a dar un hombre: acaso el sacrificio de todo lo humano y temporal, que —en palabras del mismo autor— "no soporta ser visto de cerca"[2]. Pero el amor de Tomassov sí soporta ser visto de cerca; y en su belleza despierta una pena inmensa, produciendo en nuestro interior una especie de purificación compuesta, a partes iguales, de terror, piedad y conmiseración.[3]

---

[2] Esta expresión de Conrad se halla en su novela *El agente secreto*.

[3] "Y esto mismo puede probarse también desde otra perspectiva, es decir, atendiendo al estado del alma que la tragedia provoca. Se sabe que Aristóteles exige que la tragedia despierte en el espectador terror y conmiseración" (Sören Kierkegaard, "Repercusión de la tragedia antigua en la moderna" en *Diapsálmata – Repercusión de la tragedia antigua en la moderna – La validez estética del matrimonio – Temor y temblor*, traducción de Demetrio Gutiérrez, Madrid, Gredos, Colección "Grandes pensadores", 2015, p. 50). Aristóteles expone sus ideas acerca de la tragedia en su *Poética*. La manera en que Kierkegaard retoma, a su vez, la profunda y ya clásica interpretación de Aristóteles de la tragedia y de lo trágico merecería ser expuesta con detalle. Mas, en virtud de la complejidad de la cuestión, este asunto habrá de ser solamente esbozado. Remitimos, por lo pronto, al lector interesado al estudio directo de la obra citada de Sören Kierkegaard, junto a *Temor y temblor*, y también al *Concepto de la angustia* —obra

Con Muñiz, el protagonista de nuestro drama nacional, nos sucede de modo semejante que con Tomassov, el personaje de la ficción literaria de Conrad. En ambos casos, nuestras intuiciones éticas son claras: *no se trata de actos criminales.* Ellos mismos —aun cuando una narración exterior y una perspectiva abstracta de sus actos parezcan condenarlos— se hayan lejos de ser culpables. La verdad se encuentra en una consideración interior, y no en una perspectiva externa. Sólo la simpatía permite recrear este interior, y el interés (un interés humano) nos abre los ojos tornándolos aptos para la visión. Así, para un alma sensata, el padre es un ser desgraciado mucho antes que un homicida. Aun más, muy probablemente el médico sea una víctima mayor que su hijo, dado que a él, solamente a él, le será dado vivir con una muerte en su alma cuando su vocación era cuidar la vida y curar.

Francisco Muñiz se nos aparece, en todo, como penetrado de la fatalidad desgarrada de un héroe trágico. Considérese simplemente que gran parte de la clave del efecto estético que nos produce la tragedia consiste en que, sin pretenderlo —y aun queriéndolo evitar—, el héroe avanza, con sus propias elecciones y de manera inexorable, hacia su propia ruina. Es como si sus acciones personales encubrieran la determinación de una

---

esta última donde el autor danés estudia lo trágico desde una perspectiva psicológica, metafísica y religiosa de gran penetración y enjundia—.

fuerza atroz y colosal. Su acción es suya, pero al mismo tiempo lo trasciende y avasalla. La culpa es suya, dado que es él quien actuó; pero al mismo tiempo el héroe no es culpable, dado que él no eligió, sino que en cierto modo *es quien fue elegido*. ¿Por quién? Nueva ambigüedad. La fatalidad es el agente principal:[4] una fuerza que domina la acción de una manera inteligente y, al mismo tiempo, ciega; y que, instantes después de afirmarlas, niega simultáneamente ambas determinaciones previas. Finalmente, los efectos de la culpa en el héroe son también ambiguos, excepcionales, y corresponden en rigor a una categoría que supera las determinaciones mundanas. El héroe trágico es un elegido de la fatalidad: en su culpa, y a través de ella, es sacrificado y, en el momento mismo de ser aplastado por su temeridad, es deificado por la posesión de un conocimiento supe-

---

[4] Para Kierkegaard, "del mismo modo que en la tragedia griega la acción es algo intermedio entre el actuar y el padecer, así lo es también la culpa, y en esto consiste el choque trágico. En cambio, la culpa resultará tanto más ética cuanto más reflexiva se haga la subjetividad y más abandonado a sí mismo, de una manera total y pelagiana, veamos al individuo. Lo trágico está cabalmente entre estos dos extremos. Si el individuo no tiene en absoluto ninguna culpa, entonces cesa el interés trágico, pues en tal caso queda amortiguado el choque que es característico de la tragedia. Pero, por el lado contrario, si la culpa del individuo es absoluta, entonces ya no tiene para nosotros ningún interés desde el punto de vista trágico. Por eso hemos de afirmar sin titubeos que supone una falsa interpretación de la tragedia ese afán contemporáneo de hacer que todo lo que es fatal se transustancialice en individualidad y subjetividad" ("Repercusión de la tragedia antigua en la moderna", pp. 46-47).

rior, de un conocimiento sagrado; el mismo que, desde sus entrañas abisales, conmueve el orbe inmenso de la Tierra.

Este es el conocimiento del dolor. El mismo que, de acuerdo a Oscar Wilde, lejos de ser un misterio, entraña una especie de revelación. El motivo de ello habrá de resultar sencillo, y es que

> La felicidad, la vida de placer y el triunfo pueden ser de exterior áspero y de esencia vil; el dolor es lo más sensible que existe en el mundo. No hay nada en el mundo espiritual que no pueda alcanzar el dolor, con su pavorosa y sutilísima pulsación; pulsación, en comparación con la cual resulta grosera la laminilla de oropel que señala lo que las fuerzas de la vista no pueden percibir [...]. Donde hay dolor es lugar sagrado. Algún día comprenderá la Humanidad lo que esto significa. Hasta entonces, nada se sabe de la vida.[5]

Situadas en su contexto, las últimas expresiones del escritor irlandés resultan estremecedoras. Ahora bien, ¿por qué Oscar Wilde asevera que, donde hay dolor, el lugar es sagrado? Porque el dolor señala el terreno de la purificación, el sitio de la revelación, la oportunidad del conocimiento. Es así como, siguiendo estas líneas, el héroe trágico se nos aparece como el depositario privilegiado de las potencias sagradas.[6] Es exaltado a

---

[5] Wilde, *De profundis*, pp. 85-86.

[6] Con respecto a esta función eminentemente formativa del dolor, ya hemos visto la opinión de un clásico inglés como Thomas De Quincey. La diosa romana Levana, en efecto, preside la educación del hombre y su instrumento privilegiado es el sufrimiento. Los *Suspiria de profundis* justifican, de diversas formas,

condición de ser arrollado por fuerzas prodigiosas y, en derredor de su ruina, refulge un halo de misterio, que irradia desde una instancia metafísicamente previa al surgimiento de la realidad y allende la esfera asignada a los dioses de la Antigüedad.

---

este aserto. La acción pedagógica del dolor no se restringe a lo individual, sino que se aplica igualmente a todo el género humano, labrando la sustancia del hombre a través de la historia. Así, por ejemplo, nos dice De Quincey, a través de un largo discurso de su personal intérprete espectral, en el final de la primera parte de sus *Suspiria de profundis*, "Savannah-la-Mar": "El presente, que sólo el hombre posee, ofrece menos fundamento que el más tenue de los hilos que desovilla una araña del propio vientre. Esta sombra incalculable del más fino rayo de luna es tan transitoria que la geometría no la mide ni el pensamiento de los ángeles la alcanza. El tiempo que es se contrae en un punto matemático, y aun ese punto perece mil veces antes de que acertemos a declarar su nacimiento. Todo es finito en el presente, y lo finito es infinito en la velocidad de su carrera hacia la muerte. En consecuencia, para Dios no puede existir el presente. El futuro es el presente de Dios y al futuro sacrifica el presente humano. Por ello obra con el terremoto y trabaja con el dolor. ¡Qué profundo es el surco del terremoto! [...] ¡Oh, qué profundo el surco del dolor! Pero muchas veces ningún otro bastaría a la agricultura de Dios. Sobre una noche de terremoto construye mil años de amables moradas para el hombre. Con un dolor de niño cultiva en las inteligencias humanas vendimias gloriosas que de otra manera no hubieran sido. Sólo estos arados fieros podrían levantar un suelo tan duro. El primero es necesario para la tierra, nuestro planeta, para la propia tierra en que habita el hombre; el segundo es necesario, aún más a menudo, para el más poderoso instrumento de Dios' [y me miró solemnemente], 'sí, ¡el otro es necesario para los misteriosos hijos de la tierra!'" (traducción de Luis Loaiza, Barcelona, Alianza, 2008, pp. 109-110).

Sin ser capaz de penetrar regiones tan excelsas, la simpatía humana nos permitirá aproximarnos a este misterio; sin ella toda posibilidad de resolución habrá de ser imposible y superflua. Las mallas del intelecto resultan operativas, a condición de que no esquematicen las almas y petrifiquen el dinamismo concreto de la realidad efectiva. Nuestras ideas deberán, pues, ser lo más flexibles que les permita la sustancia de que se encuentran forjadas, dado que se proponen asir una realidad tan sutil como enrevesada. Se deberá evitar, como lo más nocivo, la existencia de todo dogmatismo y preconcepción estéril. Entramos aquí en el plano mismo de las excepciones; y si la teoría no encuentra lugar para ellas, la que deberá ser condenada es más bien la teorización, y no la realidad humana que las representa y encarna al modo de instancia metafísica especialmente distinguida.

Llegados a este punto de nuestra exposición, será de utilidad recapitular algunas ideas y nociones ya expresadas. Hemos visto cómo una adecuada evaluación del problema especial de la muerte anticipada y asistida suponía un concepto más o menos preciso de la cuestión general relativa al suicidio. Con respecto a este hemos concluido que, excepto en condiciones bien determinadas, no era justo; y, por lo tanto, no se encuentra éticamente permitido. Argumentaremos brevemente esta conclusión nuestra.

En primer lugar, consideremos en general que terminar con la propia vida es una acción. *Es el movimiento de la voluntad que se determina a acabar con la posibilidad de todas las acciones.* Ahora bien, hemos visto que una acción será justa o injusta en virtud de la voluntad que la determina. Es injusta si se orienta hacia un bien inferior despreciando los de mayor jerarquía. Será justa, contrariamente, si lo hace prefiriendo los de valor superior. Por lo tanto, si el acto que pone fin a la vida se encuentra motorizado por la preferencia estimativa de valores inferiores con respecto a los más elevados, dicho movimiento habrá de ser también injusto.

En segundo lugar, debemos considerar que no hay valor posible a ser apropiado sin libertad por parte del agente del movimiento. La libertad, hemos visto, puede decirse tanto desde un punto de vista negativo como así también desde uno positivo. Y, mientras que la consideración negativa es puramente formal, la positiva dota de contenido valioso al agente moral. Ahora bien, nosotros consideramos que *toda acción, para ser justa, debe ser positivamente libre.* La razón de ello es que, si lo es desde un punto de vista meramente formal, el sujeto inclina su determinación hacia la esclavitud en lugar de hacia su libertad. Esta última estimación, que exalta lo que de suyo es inferior, representa claramente una injusticia y una aberración. Y lo esencial de esta injusticia es tal que arranca de raíz toda posibilidad de asimilación real de un bien ulterior. De este modo, concluimos, en general, que *quien termina con su vida, y no lo hace por y desde la libertad, actúa de manera injusta.*

Además, debemos considerar que la acción por la cual el individuo termina con su vida no es una acción sin más. Así como la libertad es la condición moral y el coronamiento espiritual de la justicia, la organización biológica es la condición orgánica de todo bien. En otros términos, la preservación de la estructura vital representa una instancia específica en la jerarquía de valores, dado que es la condición sin la cual la acción no podría tener lugar. Ahora bien, quien elige poner término a su vida no afirma solamente un bien inferior en lugar de uno superior: *el trance mortal eterniza el carácter de este último acto.* La muerte del organismo concluye por poner término a la posibilidad y clausura, desde el mismo arbitrio, toda posible adquisición de la justicia. Será la servidumbre la que se clausure, de un modo definitivo, en su lecho mortuorio. Se trata de un hecho interno, una acción espiritual, que los movimientos del cuerpo no harán otra cosa que traslucir y transparentar. Consecuentemente, el movimiento fatal del suicidio se encuentra de hecho calificado. Es un acto irreversible, además de injusto.

Sea esto dicho de un modo esquemático y puramente general; dado que, no obstante lo anteriormente expuesto, consideramos que no deberían concebirse como suicidio sin más ciertos casos de abreviación del dolor en algunos trances ya definitivos. Aunque es imposible saberlo con seguridad –ya que hay algunos movimientos (y acaso alguno de entre ellos quizás alcance a pertenecer a una familia muy excelsa) que el individuo realiza a solas con su propia intimidad–, la situación aquí, en principio, es bien distinta. Sea de cada caso lo que fuere, lo evidente es que *no se puede obligar a nadie a la libertad*. Aunque es cierto que, en el morir adecuadamente, la posesión de este bien entraña cierta grandeza. Amiel ya lo había dicho y, de un modo acorde, también trató de realizarlo.

Así y todo, en términos fácticos, la extensión de los sufrimientos es, las más de las veces, solamente inútil. Es además claro, y algo que tampoco puede ser discutido, que una es la perspectiva moral y otra la de la ley positiva. Lo legal puede establecer ciertas normas universales de convivencia; puede orientar, en términos generales, hacia las virtudes y la libertad, cuando la norma es consistente y sana. Pero no puede *forzar* al individuo en elecciones personales, cuyo bien y cuyo mal se consuma sólo en sí mismo. *La confusión entre ambas esferas entraña la distorsión del concepto mismo de "lo moral", así como un oscurecimiento profundo del concepto de la libertad.* De lo que se seguirá que la prohibición ética no debe necesariamente entrañar una legal.[7]

---

[7] Una cosa puede estar moralmente prohibida y ser, no obstante, permitida por la ley positiva de un Estado. Por otro lado, también es cierto que la no prohibición legal de una práctica no implica, en términos sanitarios, la gratuidad de la misma o el hecho de que esta deba ser proporcionada por el Estado. *La licitud legal de una determinada práctica no implica la obligación profe-*

Con ello vemos que la consideración general y abstracta no logra asir la totalidad de los ingredientes de los que efectivamente consta la problemática. La inclusión de estos elementos es la que permite establecer distinciones de importancia, así como también facilitar la consideración de las excepciones, inexorablemente anexas a la aceptación de toda regla. Los hechos de la realidad, en efecto, no nos ofrecen jamás movimientos precisos y ejemplares perfectamente depurados. De la consideración abstracta del suicidio en el individuo sano, descendamos ahora a la consideración de dicho acto en el hombre enfermo, aquel cuya voluntad se encuentra herida y asediada, y su libertad acotada a límites cada vez más estrechos.

Consideraremos, junto a Osvaldo Loudet, algunos casos que entrañan problemas de conciencia. Se trata, según el Doctor, de no ser dogmáticos ni inmisericordes y de permanecer abiertos, en la medida de lo posible, a la complejidad real involucrada en la problemática efectiva. Así, por ejemplo, se expresaba Carlos Richet, un discípulo del gran fisiólogo francés Claudio Bernard, en su libro *El hombre estúpido*:

---

sional de un individuo a realizarla. La licitud profesional, empero, depende del modo en que comprendamos una dada profesión y de cómo seamos capaces de extraer las notas esenciales constitutivas de su concepto en una definición. Mas estas cuestiones, por demás difíciles y algo prolijas, no podrán ser esclarecidas en toda su amplitud, y los preliminares de su resolución sólo pudieron ser aquí meramente esbozados.

"¿Por qué prolongar los sufrimientos en lugar de abreviarlos? ¿Por qué anonadarlos con pociones, inyecciones, operaciones superficiales y experimentales?" El hombre no podrá estar orgulloso por su inteligencia si es incapaz de proporcionarse una muerte lógica, serena y dulce. Subrayemos: facilitar una muerte apacible, no es matar. En lugar de *eutanasia* justificada se practica la *distanasia* inmisericiordiosa.[8]

Matar es cortar los vuelos a la libertad cuando esta aún es apta para arrojarse a la palestra y luchar por la consecución de sus anhelos. Pero hay un dolor inútil y un empecinamiento impiadoso. Muchas veces, las palabras y las supuestas obras de caridad encubren una servidumbre de otro tipo por parte de la ley, y los profesionales sanitarios les sirven de auxilio. La lógica, parece decirnos Loudet, debe introducirse en la norma con un sentido no rígido, sino flexible y humanitario. La *distanasia*, junto al empecinamiento terapéutico, es en realidad un ejercicio oneroso de crueldad que, por otra parte, no parece conducir a ningún sitio saludable. El profesional se encuentra comprometido con la salud del paciente, y la negativa de asistirlo en la muerte se justifica claramente (y en cierta medida los profesionales sanitarios también se encuentran obligados a ello), en caso de que haya posibilidad de sobrevida. Pero donde no la hay y la libertad se halla de hecho incapacitada de ejercitarse, ¿para qué continuar con la conserva-

---

[8] Osvaldo Loudet, "El miedo a la muerte y la prolongación de la vida" en *Filosofía y medicina*, Buenos Aires, Emecé, 1977, p. 128.

ción de un sufrimiento no atemperado por ninguna esperanza de curación, y tanto más fastidioso cuanto que habrá de resultar plenamente infecundo?

El Dr. Loudet se apoya en las opiniones del distinguido profesor Forgue, expuestas en un artículo que formara parte de la "Revue de París". El galeno francés considera que el médico consciente tiene el derecho, e incluso a veces el deber, de atenuar los sufrimientos y de abreviar las tortuosas agonías del enfermo. La agonía, que es el último acto de la enfermedad, debe ser administrada de manera inteligente y con tacto humanitario. La medicina y el instrumental médico a veces pueden extenderla y, al hacerlo, multiplican el sufrimiento a expensas de la conservación de un mecanismo biológico sin esperanzas de ser restaurado. La conclusión del autor argentino, que analiza la cuestión desde las alturas del punto de vista filosófico al que ya nos hemos referido, entiende que la muerte forma parte del ciclo perpetuo en que se renueva la vida. El médico debe comprender la naturaleza del hombre que se dispone a asistir y ayudar. Debe transformarse en un colaborador activo de la naturaleza y no en mero engranaje de un mecanismo inhumano.

En este sentido, nuestro eminente médico y ensayista, nos recuerda que, hace muchos años, el "British Journal" publicó una encuesta donde la mayoría de los médicos, e incluso de los eclesiásticos, se declaraban a favor de la eutanasia en casos bien definidos. La opinión de los eclesiásticos era reforzada por el juicio de un obispo, que declaraba que algunas veces es humano suprimir la vida; y otro tanto afirmaba uno más en relación a enfermedades largas, incurables y dolorosas. Apoyado en estos y otros testimonios, así como también en su propia experiencia clínica y saber profesional, Osvaldo Loudet concluye que es un *sadismo terapéutico*, o bien una pura vanidad por parte de los expertos sanitarios, el empeñarse en prolongar la vida de los enfermos en determinadas circunstancias donde el fin es inexorable, a pesar de todos los esfuerzos de los interesados.[9]

En este punto creemos preciso resaltar que es necesario separar, en la reflexión filosófica, aquello que hace a la razón de aquello fundado en los temores o inconsistencias de la política sanitaria y de la reglamentación específica del sistema de leyes positivas vigente en las sociedades. Aun en el mismo médico, muchas veces la vanidad, la inercia, o incluso una suerte de sentido de la omnipotencia, son los motivos que explican la continuidad de tratamientos tan onerosos como ineficientes. Los motivos resultan, en ocasiones, incluso más turbios. Los intereses económicos penetran en estas regiones y los sentimientos más oscuros se disfrazan de intenciones generosas o benevolentes. Por esto, la inteligencia, en uno y en otro caso, debe mantenerse flexible, pero firme en su vocación de racionalismo y claridad.

---

[9] Cf. Loudet, "El miedo a la muerte y la prolongación de la vida", p. 128.

No se puede insistir en determinadas acciones con la justificación última del acuerdo consuetudinario. Mucho menos cuando estas redundan en prácticas crueles a la par de irracionales.

Por ello, con estas intuiciones presentes, Loudet señala determinados casos donde se encuentra justificada la eutanasia, bajo la premisa de que el fin de la medicina es el alivio del dolor y la preservación de la vida, y no la extensión temporal de un sufrimiento inútil:

> Para ser permitida la eutanasia deben presentarse tres circunstancias: la incurabilidad de la enfermedad, el tormento del dolor y la súplica del enfermo lúcido. Existe una eutanasia que hace la naturaleza, otra que hacen los médicos y otra que hace la Divina Providencia.[10]

Estas últimas reflexiones se refuerzan bajo la consideración de lo que algunos psicólogos han afirmado. En efecto, ellos descubrieron que el instinto de la muerte crece y se refuerza con el aminoramiento del instinto de la vida. El enemigo real no es la muerte, sino más bien la inercia, el tedio y el desgano, que siguen a la pérdida orgánica del flujo de la vida y su sentido.[11] La razón no debe ser, pues, dejada de lado en la evaluación y el seguimiento de estos dinamismos.

Las causas enumeradas por Loudet, por otra parte, nos recuerdan, a su vez, a las de José Inge-

---

[10] "El miedo a la muerte y la prolongación de la vida", p. 129.
[11] Cf. *Loc. cit.*

nieros —a las que ya hemos aludido—. Queremos recalcar el hecho de que la incurabilidad del mal es una de las circunstancias consideradas así como también la petición por parte del propio paciente.[12] Por lo demás, la oportunidad del ensayo con una práctica terapéutica dolorosa, costosa y variablemente efectiva, deberá ser ponderada en cada caso en particular. El objetivo de la vida no puede consistir en la conservación de la propia organización a cualquier precio; *el alma humana ha de ser algo más que un trozo de materia muerta.*

Según nuestra propuesta, el valor de la vida se encuentra en la personalidad humana, en el centro mismo donde esta es capaz de abrirse a los valores y asimilarlos. Sin esta posibilidad, que en caso de una enfermedad incurable y progresiva se halla clausurada, la misma vida del cuerpo desciende a algo semejante a la materia bruta, y su organización a un artificio mecánico desbaratado. El médico, viene a decirnos Osvaldo Loudet —así como el resto de los autores con los cuales hemos trabajado a lo largo de este libro—, es un médico de hombres: un médico del cuerpo, pero también de la conciencia y del espíritu. Y, aun cuando el destino del cuerpo se encuentra trazado línea a línea y el sabio no puede ya hacer nada con el mecanismo de engranajes vitales estropeado, el médico tiene aún un trabajo del que ocuparse con el alma del paciente. Un paciente

---

[12] En José Ingenieros, además del consentimiento, se hablaba de la *petición reiterada* del paciente.

que es también agente ético, y cuyo porvenir espiritual hace a la salud de su alma y el sentir peculiar de su destino definitivo.

Entonces, en ese momento final, donde todos los demás oficiantes se retiran y a ningún otro profesional le resta ninguna palabra, el médico quizás pueda enaltecerse en lo más elevado de la vocación que libremente ha hecho suya. A solas allí con lo irreparable, un alma puede ayudar a despertar las esperanzas en otra alma, que pronto habría de retirarse. Y allí está la salud (una expresión diversa y más elevada de la misma), una revelación superior de la vitalidad en la esperanza, que es también tarea del médico, y que puede ayudar a inculcarla y encontrar en esta postrera revelación acaso el más sublime y elevado de sus compromisos éticos.

Hace unos años publiqué algunas reflexiones sobre la medicina de la esperanza y hoy me parece oportuno repetir las dos preguntas que formulé en aquel entonces. Primera pregunta: ¿Puede vivir el hombre sin esperanza? Segunda pregunta: ¿Puede morir sin esperanza? Ni vivir, ni morir. La vida es consustancial con la esperanza. La esperanza natural es la vida misma. El impulso vital de la existencia se traduce en la renovación continua de la esperanza. Se vive porque se espera.

Respecto al "Morir sin esperanza", creemos que en la mayoría de los casos, es ello improbable. Hay siempre una esperanza callada y oculta. Lo que sucede es que la esperanza última puede ser visible o invisible. Es la menos aparente porque es la más misteriosa. Cuando se apaga la esperanza vital aparece silenciosa la esperanza divina. Desciende sobre el hombre tranquilo o angustiado y éste se transfigura. Se opera la "trascendencia" de la que hablan los teólogos. La esperanza es, pues, la más piadosa y dulce de las medicinas morales [...]. La esperanza vital es la esperanza cotidiana. La esperanza intemporal es la esperanza eterna. Todos somos buscadores conscientes o inconscientes del infinito.[13]

Y sólo el infinito es lo suficientemente vasto como para satisfacer y dar cobijo a lo más hondo de nuestras ansias y a lo más profundo de nuestros anhelos. Al menos a los más significativos, y muchas veces ignorados, de entre ellos.

---

[13] Loudet, "El miedo a la muerte y la prolongación de la vida", pp. 129-130.

www.ingramcontent.com/pod-product-compliance
Lightning Source LLC
Chambersburg PA
CBHW070755240726
48654CB00007B/90